Vander Luis Devidé

Não Perdoe!

SE NÃO SOUBER O QUE É PERDÃO

Copyright© 2014 by Editora Ser Mais Ltda.
Todos os direitos desta edição são reservados à Editora Ser Mais Ltda.

Presidente:
Mauricio Sita

Capa:
Alef Design

Projeto Gráfico e Diagramação:
Candido Ferreira Jr.

Revisão:
Ana Cecília Porto Silva e Ana Luiza Libânio

Gerente de Projetos:
Gleide Santos

Diretora de Operações:
Alessandra Ksenhuck

Diretora Executiva:
Julyana Rosa

Relacionamento com o cliente:
Claudia Pires

Impressão:
Gráfica Pallotti

Dados Internacionais de Catalogação na Publicação (CIP)
(Câmara Brasileira do Livro, SP, Brasil)

Devidé, Vander Luis
  Não perdoe! : se não souber o que é perdão / Vander Luis Devidé. -- 1. ed. -- São Paulo : Editora Ser Mais, 2014.

  ISBN 978-85-63178-65-7

  1. Autoajuda 2. Conduta de vida 3. Desenvolvimento pessoal 4. Perdão 5. Relações interpessoais I. Título

14-09202   CDD-158.2

Índices para catálogo sistemático:
1. Perdão : Relações interpessoais : Psicologia aplicada 158.2
Editora Ser Mais Ltda
Rua Antônio Augusto Covello, 472 – Vila Mariana – São Paulo, SP – CEP 01550-060
Fone/fax: (0**11) 2659-0968
Site: www.editorasermais.com.br   e-mail: contato@revistasermais.com.br

Agradecimentos

"No final do caminho, me dirão:
E tu, viveste? Amaste?
E eu, sem dizer nada,
abrirei o coração cheio de nomes."

Pedro Casaldáliga

*E no meu coração,
certamente se encontrarão os nomes de
minha amada mãe Maria,
minha amada esposa Harumi Harada
e meus amados filhos Johann e Samuel.*

Shakespeare

A graça do perdão

A graça do perdão não é forçada;
Desce dos céus como uma chuva fina
Sobre o solo: abençoada duplamente,
Abençoa a quem dá e a quem recebe;
É mais forte que a força: ela guarnece
O monarca melhor que uma coroa;
O cetro mostra a força temporal,
Atributo de orgulho e majestade,
Onde assenta o temor devido aos reis;
Mas o perdão supera essa imponência:
É um atributo que pertence a Deus,
E o terreno poder se faz divino
Quando, a piedade, curva-se à justiça.

Homenagem à minha mãe

Maria Pedroti Devidé: exemplo de Amor e de Perdão

Mãe

Tantas coisas me deste,
a fundamental: o Amor.
Num legado de ternura,
o dom maior: a Vida.

Ah! Mas que doce palavra.
Eleita a fonte do equilíbrio essencial,
portadora de atributos tão só seus,
que meu peito a canoniza num altar.

Bendita és, e sempre serás,
em lugar cativo bem junto a Deus.
Impera em teu ser tão somente amor.

És pura, és bela, és santa... és mãe.
Aquela que está sempre a seguir
as pegadas da Virgem Maria.

Vander Luis Devidé

ÍNDICE

Prólogo	11
Capítulo 1: Perdão: Definições, Contradições e Complicações	15
Capítulo 2: Perdão: Uma Opção por Ser Feliz	21
Capítulo 3: Perdão nos Relacionamentos Humanos	35
Capítulo 4: Perdão Intelectual x Perdão Emocional	47
Capítulo 5: Perdão Não Significa...	57
Capítulo 6: Perdão e Cura de Doenças	65
Capítulo 7: Etapas do Perdão	77
Capítulo 8: Perdão a Si Mesmo	95
Capítulo 9: Perdão aos Pais	113
Capítulo 10: Perdão ao Cônjuge	137
Capítulo 11: Perdão aos Filhos	159
Capítulo 12: Perdão aos "Ex" de Nossa Vida	169
Capítulo 13: Perdão aos que já se foram...	177
Capítulo 14: Perdão Inclusive a Deus	185
Capítulo 15: Perdão no Dia a Dia	193
Capítulo 16: Perdoar o Imperdoável	199
Epílogo	205
Oficina do Perdão	207

Prólogo

Pode ser que você tenha estranhado o título deste livro, e justamente por isso ele se encontra agora em suas mãos. **NÃO PERDOE! SE NÃO SOUBER O QUE É PERDÃO** é um livro que comecei a rascunhar após vivenciar uma série de experiências dolorosas. Eu, que até então sempre havia procurado pautar minha vida no perdão, percebi-me completamente imobilizado perante o conflito que o ato de perdoar me gerava naquele momento.

Foi então que comecei a observar, a partir de mim mesmo, que perdão é um tema bastante controverso. Somos rodeados por uma infinidade de interpretações impostas, vindas de tempos imemoriais, que de maneira ambígua nos impulsionam a nunca perdoar ou a experienciar um perdão precoce: o *pseudoperdão*. O categórico imperativo *"tem que perdoar..."* nos induz a assumir certas condutas farisaicas de vida, fruto de um perdão imposto, o que difere totalmente de se vivenciar o perdão em sua plenitude, como consequência da compreensão de o que o perdão é e de o que o perdão não é! Em meu íntimo existe a convicção de que um perdão plenamente amadurecido contrasta fortemente com o perdão ingênuo, obrigatório ou politicamente correto. Somente um perdão autêntico é capaz de assegurar significativas transformações na vida de todos os envolvidos. Mas como conquistá-lo e sustentá-lo? Seria possível despir o perdão de sua roupagem divina e abordá-lo como uma questão de atitude e decisão para prosseguirmos com a vida?

Decidi dar as costas a conceitos que repousavam sobre ideias e princípios inaplicáveis à realidade de nosso dia a dia e ir de encontro a um perdão menos divino e mais humano. Isso não significa que decidi excluir Deus de toda e qualquer experiência humana. Se eu assim procedesse já partiria de um raciocínio nada confiável. Na escuridão em que me encontrava, como poderia ousar escrever uma única palavra ou frase sem a tênue luz de uma vela a iluminar minha mesa de trabalho?

Em busca de um raciocínio próprio que não sucumbisse nem ao apelo nem ao niilismo, empreendi uma jornada que me conduziu por trilhas diferentes das quais eu estava acostumado a seguir. Foram inúmeras as bifurcações que exigiram de mim o abandono de bagagens até então tidas como essenciais. E foi nesse processo de desconstrução do perdão que sua construção passou a ser possível. Senti que o perdão não surge por meio de leis externas, mas por intermédio de uma vida rica, em seu mais nobre sentido.

Neste livro compartilho com você os frutos de minhas observações, reflexões e vivências, bem como alguns casos reais que tenho atendido ao longo de quase vinte anos, omitindo-se o nome dos envolvidos, por questões óbvias. Procurei escrever este livro abordando várias áreas de nossa vida, sem a pretensão de nele registrar tudo sobre o perdão, algo que seria impossível. Também procurei seguir o bom conselho de André Maurois de que *"A leitura de um bom livro é um diálogo incessante: o livro fala e a alma responde"*. Por isso me esforcei para escrevê-lo em forma de diálogo, com a maior simplicidade possível, pois quero que você desfrute a real sensação de estarmos conversando confortavelmente na sala de sua casa.

Também solicito sua compreensão para o fato de que eu não sou um anjo, ou seja, não se iluda imaginando ter em mãos o livro de um escritor *'puro e santificado'*, que já perdoou a todas as pessoas do Universo. Não sou *'iluminado'* a ponto de já acordar pensando em perdão e durante o meu dia não estou envolto em uma redoma protetora. Como ser humano, em meu dia a dia lido com as mais diversas situações, tudo como uma pessoa normal. Afinal, cardiologistas também morrem de infarto, ortopedistas fraturam o fêmur e oncologistas morrem de câncer, ou seja, escrever sobre o perdão não me torna imune aos aborrecimentos diários. Porém, sei que para me manter saudável e pleno, é mais sábio seguir a *'Dieta do Perdão'*. E seguir a *'Dieta do Perdão'* implica na certeza de que terei menos problemas *(eu não disse nenhum problema)* e mais qualidade de vida.

Um provérbio árabe afirma que **"Homens são iguais a tapetes: precisam ser sacudidos de vez em quando"**. Hoje, ao olhar para trás, sinto-me grato a todos os acontecimentos *(dolorosos, sem dúvida)* que *'sacudiram'* a minha vida, somando à minha alma mais experiência para que esse livro não se tornasse apenas uma publicação ingênua nas prateleiras, de grande impacto emocional, mas de pequena aplicação na vida prática.

Agradeço a todos os meus clientes e participantes de meus cursos e palestras, pelas inúmeras contribuições e relatos para que esse livro se tornasse ainda mais próximo à realidade.

Discorrer sobre o perdão não é uma tarefa fácil. Um assunto de tamanha envergadura traz consigo infinitos desafios. Por isso, peço desculpas por estar publicando este livro com anos de atraso em relação ao prometido, mas escrever é muitas vezes a arte de sentar-se debaixo da desregulada torneira da inspiração, que num dia goteja meia dúzia de palavras, mas em outros provoca um dilúvio incontrolável de sentenças tão harmoniosas, que compensam a goteira do dia seguinte...

É óbvio que o objetivo maior deste livro é convidá-lo a trabalhar a possibilidade do perdão em sua vida e espero que, nessas poucas linhas lidas, você já tenha identificado essa proposta. Acredito na importância de nos abrirmos para um perdão inteligente e saudável, construído sob a égide da maturidade. Acredito também na importância de não continuarmos propagando um perdão obrigatório, cego e doentio que nada nos acrescenta senão ainda mais dores.

NÃO PERDOE! SE NÃO SOUBER O QUE É PERDÃO equivale à mesma advertência de *Não entre na água! Se não souber nadar*. Mas você pode a qualquer tempo, desde que seriamente se comprometa com tal propósito, aprender a nadar, assim como podemos, a qualquer tempo, aprender a perdoar!

Na frase do poeta persa Saadi (1181-1263) encerra-se o cerne deste livro: *"Um pastor disse ao pai: 'Ensina-me a bondade'. E teve como resposta: 'Sê bom, mas que tua mansidão não faça o lobo tornar-se audacioso'."*

E a você, amigo leitor, desejo que abrace a perspectiva de que o perdão amadurecido pode ser *(e será)* o grande diferencial em sua vida!

Vander Luis Devidé

Capítulo 1

Perdão: Definições, Contradições e Complicações

Ao nos propormos a discutir um tema, primeiramente faz-se necessário defini-lo. Porém, em se tratando de perdão, há de se considerar as infinitas definições, contradições e complicações em torno do tema. Não há uma definição única e que possa ser amplamente aceita, o que em si já produz contradições; surgem então as complicações advindas do hiato entre tão nobre aspiração e tão difícil prática, evidenciando a distância entre a intenção e o gesto.

Nota-se o esforço de inúmeros literários tentando delinear um único caminho para o perdão. Uns o definem de maneira um tanto simplista, outros tantos o apresentam num discurso por demais rígido. Essa tentativa de padronizar o perdão são abordagens um tanto falhas, por não contemplarem as consequências negativas geradas por um perdão frágil, edificado sob um alicerce duvidoso.

Há de se considerar que as experiências relacionadas ao perdão são fundamentalmente diferentes em centenas de aspectos, o que impossibilita ainda mais compará-las. Os acontecimentos podem ser idênticos para duas ou três pessoas, mas a intensidade da experiência dependerá de como cada qual se relaciona com o seu mundo interior e o seu mundo circundante. Não é raro depararmo-nos com certa pessoa que encontrou forças suficientes para perdoar o assassino de um membro de sua família, no entanto, não consegue perdoar quem lhes causou prejuízo financeiro; outra conseguiu superar o trauma de um estupro, perdoando inclusive ao estuprador, no entanto guarda profundas mágoas em relação ao próprio pai e não consegue se libertar de tais sentimentos odiosos. Esses exemplos nos indicam que a aplicação do perdão nem sempre é uniforme, como muitos apregoam. O perdão é algo incomparável de pessoa para pessoa, o mesmo podendo se dizer de sua intensidade e consequências.

Em suma, perdão não pode ser descrito por termos comuns, nem obtido ou concedido através desta ou daquela postura predefinida. Definir felicidade é diferente de ser feliz; o mesmo pode se dizer em relação ao perdão.

Qual é o seu conceito sobre o perdão?

Digamos que as suas respostas a essa pergunta são essenciais para prosseguirmos com o nosso diálogo, principalmente porque não é objetivo deste livro fazer você pensar igual a mim. Sentir-me-ei feliz inclusive se você discordar dele, no todo ou em parte, porque é meu desejo encontrar leitores que tenham espírito questionador e de mente aberta, que ousem elaborar um raciocínio próprio, cientes da necessidade constante de sempre analisarmos aquilo que sabemos e aquilo que achamos que sabemos. Assim procedendo, surgirão naturalmente posturas que nos desacomodam e nos inquietam, movendo-nos para pensamentos ainda não pensados.

Qual é o seu conceito sobre o perdão? Por trás dessa pergunta aparentemente despretensiosa, há uma provocação bastante pertinente. Quando indago qual o seu conceito sobre o assunto, é exatamente isto que desejo saber: Qual é o **SEU** conceito sobre o assunto? Frente a essa pergunta, a maioria de nós tende a despejar uma série de sentenças prontas adquiridas ao longo da existência. E nesse momento de profunda reflexão em busca de um raciocínio próprio, não é interessante compartilhar comigo o conceito adquirido de seus pais ou de sua crença religiosa. Entretanto, é preciso ficar claro que não é minha pretensão desmerecer e ignorar os conceitos herdados de sua família ou de sua tradição religiosa, pois de alguma maneira eles são úteis e pode até ser que estejam bem próximos do ideal. O fato é que enquanto você não se apossar deles como sendo também extensão de sua forma de pensar, eles não serão totalmente seus conceitos. Isso nos conduz à constatação do quão fundamental é a confecção de um honesto inventário emocional, cuja principal ferramenta é a reflexão, pois é a partir dela que podemos identificar formas automatizadas ou desatentas de se pensar.

É fundamental encontrar qual é o seu conceito sobre o perdão, pois se ele fizer sentido para você, a experiência de perdoar será completamente diferente. São os seus conceitos sobre o perdão que lhe estimulam ou lhe imobilizam na decisão de perdoar. Inclino-me à opinião de que quando nos desfazemos de conceitos errôneos e edificamos bases inteligentes e aplicáveis à vida dinâmica, desfrutamos de plena liberdade para amar, agir e viver sem a sequela de fatos do passado.

Desconstrução do conceito de perdão

Buscando compreender sua fundamentação, aceitação, aplicação, questionamentos e possíveis impedimentos, surge a necessidade da desconstrução do conceito de perdão. Essa necessidade se justifica por diversos fatores, entre eles, o fato de embasarmos o perdão quase que exclusivamente sobre conceitos religiosos, desconsiderando o perdão como uma escolha pessoal, independente de se declarar adepto desta, daquela ou de nenhuma religião.

Li, determinada vez, em um *blog* de um religioso, um artigo cujo título era *"Precisamos perdoar para ganhar o Reino dos Céus"*. Ora, acredito que qualquer perdão concedido a partir desse raciocínio não pode ser considerado um perdão autêntico; e mais ainda: deforma o perdão em si, pois aquilo que era para ser uma *atitude altruísta* assume a forma de uma *atitude egoísta*. Essa minha análise crítica que coloca sob suspeita qualquer discurso formatado ou impositivo é fundamental para encontrarmos o perdão autêntico. É como se, ao longo de todos os séculos, tivessem sido colocados diversos rótulos sobre uma garrafa transparente, de modo que hoje tudo que enxergamos são os rótulos e não a garrafa em si. Esses rótulos nos confundem, nos atrapalham e nos induzem a erro. Se desejarmos ter contato com a garrafa autêntica, livre de influências, devemos retirar pacientemente, rótulo por rótulo, até chegarmos à embalagem original. Não seria sábio mergulharmos a garrafa na água para simplesmente dissolvermos todos os rótulos; também não devemos retirá-los todos ao mesmo tempo para não corrermos o risco de que alguma informação se perca. É importante retirarmos rótulo por rótulo e separá-los por categoria e função. Talvez sejam importantes. Talvez não seja preciso descartá-los, mas tão somente reorganizá-los para que façam sentido. Se ali estão, um porquê deve haver.

De modo análogo, justifica-se a necessidade da desconstrução do perdão para que possamos apreendê-lo sem tendências ou influências que possam comprometer nosso entendimento a seu respeito. Nessa jornada, precisamos nos cercar de cuidados redobrados para não esbarrarmos na frágil fronteira entre desconstrução e destruição. Desconstruir o conceito de perdão não significa destruir o perdão e suas infinitas possibilidades.

Significa tão somente conhecê-lo em sua forma mais pura, sem legendas editadas por terceiros, ainda que bem intencionados.

O convite para a desconstrução do conceito nada mais é que um convite ao aprofundamento e desenvolvimento de um raciocínio próprio, fruto do incessante questionamento sobre o conteúdo daquilo que nos acostumamos a pensar sem o devido comprometimento com a questão pensada.

Desejo que se abra um espaço reflexivo onde um perdão analisado seja não só algo possível de ser vivenciado, mas acima de tudo, que o perdão seja legitimado como expressão de seu encontro consigo mesmo, antes de ofertá-lo ao outro.

A desconstrução do conceito formatado de perdão abre um espaço necessário para que se possa repensá-lo, rediscuti-lo, reorganizá-lo e reconstruí-lo sem falhas na estruturação do pensamento, minimizando futuros riscos de desabamento devido a fraturas na forma de pensar.

O perdão teve seu leque conceitual ampliado e hoje em dia, mais do que a questões religiosas, está diretamente ligado à qualidade de vida em seu mais amplo significado.

O perdão como um jogo de Lego®

O grande prazer de se possuir um Lego® consiste justamente na alegria desafiadora de montá-lo, dando-lhe as mais variadas formas. Nem mesmo uma criança sente alegria em receber de presente um Lego® já montado. Tenha ele 500 ou 5.000 peças, a satisfação de lhe dar forma é indescritível. Precisamos tão somente de um manual que nos forneça esquemas, mas quem fará a montagem seremos nós. Acredito nesse tipo de perdão: construído peça a peça, com total envolvimento e responsabilidade no projeto.

Capítulo 2

Perdão: Uma Opção por Ser Feliz

"O maior inimigo do perdão é a memória."

Desconheço o real autor dessa frase, mas pode-se dizer que ele acertou em cheio!

Basta sermos induzidos a perdoar determinadas pessoas ou situações, para que uma avalanche de emoções negativas seja incontrolavelmente liberada, evidenciando o porão obscuro existente em nosso interior. Porão esse que a maioria das pessoas, por medo de olhar para as emoções reprimidas, finge não existir ou o mantém trancafiado, mas que uma vez aberto, sem os devidos cuidados, traz consequências desastrosas para si e para todos os que a rodeiam, pois acabam convivendo ou com uma pessoa extremamente rancorosa, ou com a *'eterna vítima'* da família, do escritório, da sociedade...

"As pessoas que perdoam vivem melhor!" – Puxa, que legal! – Pensa você, que mesmo em posse dessa verdade, pouco tem feito para praticá-la.

'Ah, mas meu caso é diferente...'

Embora todo ser humano saiba, consciente ou inconscientemente, que o perdão é o caminho mais confiável capaz de assegurar a verdadeira paz, insiste em empilhar sua egoísta dúzia de argumentos que justificam o ato de não perdoar. Não consegue se libertar daquilo *(ou daquele)* que o machucou e continua machucando. Qual o porquê desse dilema? A resposta encontra-se na primeira linha deste capítulo.

Lembranças amargas e dolorosas todos nós possuímos, mas apegar-se a elas é o mesmo que viver olhando para trás e, de costas para o futuro, renunciar às realizações da vida. Podemos denominar isso como sendo um verdadeiro **suicídio espiritual.**

Todos possuem seu próprio histórico de vida, com certas peculiaridades que lhe conferem total exclusividade para sofrer mais que os demais seres humanos da face da Terra: um foi vítima de espancamento na infância; outra foi vítima de estupro; outro ainda vítima de infidelidade conjugal; esse foi vítima de roubo; aquele foi vítima de erro médico, etc., etc., etc.

Essa tal exclusividade a que me refiro, provém justamente da condição de vítima. Os motivos do não perdoar estão totalmente embasados ao demasiado apego, na maioria das vezes inconsciente, à *'condição de vítima'* e aos certos *'benefícios' (ganhos secundários)* que essa postura oferece. Perdoar implica em também renunciar a essa condição de vítima e assumir novas posturas de vida.

Talvez alguém se indigne com essas poucas linhas que acaba de ler, e fechando este livro, atire-o ao chão esbravejando:

- No passado fui vítima de violentas torturas! Sofri muito... Só eu sei as dores que vivi, para agora ser obrigado a ouvir insinuações de que estou apegado a esta condição de vítima. Basta! Já li o suficiente...

Concordo que não deve ter sido nada fácil a experiência desse hipotético leitor. Você também deve ter a sua experiência real de algum fato ocorrido no passado. Mas agora eu lhe pergunto: Onde está o passado?

Antes de prosseguir a leitura para identificar a resposta, demore-se um pouco em busca de um raciocínio próprio. Tente encontrar a resposta por si mesmo.

Onde está o passado?

O passado está formatado dentro de sua mente!

Talvez foi vítima de violentas torturas, e onde está o seu torturador? Talvez já tenha morrido. E se estiver vivo, pode ser que tenha se arrependido profundamente, e renascido das barbáries um dia praticadas, hoje viva feliz, cuidando de um belo jardim numa cidadezinha qualquer... Torno a indagar: Onde está o seu torturador?

O seu torturador está na sua mente. Aliás, sem medo de errar, podemos concluir que a sua mente é o seu maior torturador! Sem perceber, pode ser que você seja mais um *'refém do passado'*.

Ao ler esta última afirmação, o nosso hipotético leitor, novamente num acesso de fúria, brada: *'Pois então que eu seja um refém do passado! Sou um ser humano! Tenho sentimentos! Carrego traumas e lembranças...'*

Sem demagogia alguma, novamente aceito seus argumentos. São convincentes. São reais! Mas, argumentos não garantem o direito à felicidade. São argumentos válidos, mas que acabam por amarrá-lo ainda mais ao que já se foi. Existiu, foi real; não existe mais, é só uma *(triste)* lembrança. Por iniciativa própria, você está preso neste tronco chamado *'passado'*, onde açoita-se impiedosa e ininterruptamente com o chicote chamado *'lembrança'*. Solte as correntes invisíveis e pesadas com que tem prendido a si mesmo. Pare de sofrer! Isto é possível; só depende de você! E você pode!

Feridas da alma

Assisti certa vez, juntamente com minha esposa, a um monólogo intitulado **Anjo Duro**, interpretado pela magnífica e inigualável *Berta Zemel*. Um espetáculo capaz de prender nossa atenção desde o início para todo o sempre. Após cumprimentar a atriz, saí do teatro maravilhado, totalmente reflexivo, reorganizando uma série de conceitos, rememorando cada sentença ditada naquele espetáculo. Uma delas, quando a personagem visivelmente emocionada nos descreve as torturas sofridas como prisioneira política e em lágrimas afirma: ***"As feridas do corpo, estas passam... mas as da alma..."***

Que golpe verbal inesperado! Toda a complexidade da dor emocional do ser humano estava resumida naquela frase.

Estava clara a concordância de que existem cicatrizes físicas e emocionais. A física acabou sendo até relegada a segundo plano, pois de certa maneira, ocorre como um processo natural. O enfoque do texto, as luzes do palco, a música, o cenário, tudo estava voltado para esta questão: as feridas da alma.

Como sarar estas feridas emocionais? O que é preciso fazer para que ocorra a sua cicatrização?

As feridas do corpo passam, porque o próprio organismo, mediante seu poder curativo natural, se encarrega delas. As feridas da alma também passam, desde que nos encarreguemos delas com a devida atenção.

Para muitos, essa ferida emocional não passa, porque ao invés de se encarregar, optam por carregar. Heroicamente, carregam dentro de si tudo aquilo de que mais gostariam de se livrar. As cicatrizes emocionais acabam até se tornando uma *'medalha de honra ao mérito'* em reconhecimento a tantas dores e injustiças sofridas...

Encarregar-se da ferida emocional, significa empenhar-se para saná-la.

Para que assim aconteça, pare de alisá-la sob todos os ângulos e comece a analisá-la sob todos os ângulos e, sem postergar uma fração de segundos sequer, tome as medidas necessárias para superar a dor.

Começar pelo essencial

Toda vez que o tema PERDÃO figura numa pauta, meia dúzia de pessoas já inicia a discussão versando sobre assuntos polêmicos como *'estupro tem perdão?'*, *'assassinato a uma criança tem perdão?'*, *'filha que mata os pais merece perdão?'*, *'que dizer então dos filicídios?'* e, nessa linha de raciocínio, muitas vezes objetivam ridicularizar ou impossibilitar a vivência do perdão. Sequer precisam se esforçar e logo conseguem tumultuar a plateia, obviamente composta por seres humanos cheios de mágoas e traumas não resolvidos, e uma confusa testilha está formada.

Ao se sugerir o perdão, ao invés de direcioná-lo para os pequenos (mas pesados) atritos diários que gravitam ao nosso redor e refletirmos sinceramente sobre sua aplicação e benefícios, preferimos desviar o foco para tais assuntos mais polêmicos, onde as opiniões se dividem, e então possamos afirmar que *'nem para tudo existe perdão...'* e assim camuflamos nosso interior machucado.

Quanto mais cedo aprendermos a lidar com os pequenos atritos diários, mais habilidade demonstraremos com os atritos de maior impacto. Portanto, comece impedindo que a poeira se acumule. Evite o *'deixa prá lá'*. Não se contente com o *'logo passa'*, porque não passa! E você ficará com a indesejada *'pulga atrás da orelha'*. Não aceite conviver com o *'faz parte...'*, porque atrito não é hóspede bem-vindo. Por menor que seja a diferença, dê-lhe a devida atenção, para que não tome proporções maiores, indesejáveis e até incontroláveis.

As mais diversas e complexas equações matemáticas poderão ser facilmente resolvidas pela aplicação das quatro operações básicas, um conhecimento adquirido na primeira série do Ensino Fundamental e aprimorado no decorrer de nossa vivência acadêmica. Diz-se que para caminhar dez metros ou dez quilômetros, tudo se inicia com o primeiro passo: também em se tratando do perdão, é pela prática que se chega à perfeição.

As escoriações do dia a dia

Ao sofrermos uma pequena escoriação, a maioria de nós já tem o hábito de adotar os seguintes procedimentos: lavar o local afetado com água abundante; aplicar pomada ou *spray*; fazer o curativo e aguardar a cicatrização natural. Fazendo um comparativo, ao sofrermos uma *'escoriação emocional'*, adotemos os mesmos procedimentos, ou seja:

<u>Lavar o local afetado com água abundante:</u>
Dentro de nossa caixa torácica existe um coração pulsando, e não uma peça infalível de titânio. Existe um ditado inglês que reza: **"Paus e pedras podem até quebrar-me os ossos, mas as palavras nunca me machucarão"**. Bom seria se esse ditado fosse aplicável à vida prática, pois na dinâmica cotidiana não funciona bem assim. Da mesma maneira que uma arma, determinadas palavras também podem matar. Certas sentenças aniquilam ou imobilizam o viver normal de uma pessoa, trazendo-lhe até mesmo sérios danos físicos em consequência do emocional abalado. Obviamente devemos trabalhar nosso emocional, visando a fortalecer sempre nossa estrutura interna para não sermos tão suscetíveis. Porém, em certas ocasiões é completamente impossível *(e compreensível)* sermos inatingíveis e inabaláveis. Portanto a primeira coisa a ser feita é utilizar-se de sua sinceridade e atender às suas emoções internas, desde que não sejam agressivas ou destrutivas. Uma delas, seja homem ou mulher, é chorar de raiva, tristeza, indignação, culpa... Consta no Novo Testamento que, ao saber da morte do amigo Lázaro, Cristo

chorou. Muitas vezes, o ato de chorar constitui-se num mecanismo de defesa do próprio organismo. Portanto, chore! No entanto, lembre-se de que não é necessário público presente! Chorar alivia e é bem melhor do que reprimir ou tentar negar o sentimento de raiva, fingindo que está tudo bem. Enganar a si mesmo é tão desastroso quanto enganar ao próximo. Após chorar e sentir-se mais aliviado por ter expressado seus sentimentos, tome a decisão de não mais chorar por esse assunto.

Aplicar pomada ou *spray*:
Independentemente de sua religião ou convicções pessoais, o melhor remédio disponível no mercado continua sendo a **oração**. Na mesma intensidade com que chorou, ore! Coloque seu coração de joelhos e peça a Deus a melhor solução para este episódio. Ao ouvir o estrondo de raios e trovões de uma tempestade se aproximando, qual a sua atitude? Corre em direção a ela, ou refugia-se num local seguro? Então, por que agirmos de maneira inversa quando se trata de uma *'tempestade da vida'*? Da mesma maneira, recolha-se em busca de segurança máxima. Deus é perfeito e nunca erra! Busque raciocinar acima da raiva. Existe um sábio pensamento de Saint-Exupéry: **"Nas horas graves, os olhos ficam cegos; é preciso então enxergar com o coração"**. Evite falar, escrever ou tornar-se impulsivo. Conforme disse o filósofo e escritor francês Denis Diderot (1713-1784), **"A cólera prejudica o sossego da vida e a saúde do corpo, ofusca o julgamento e cega a razão"**.

Em seu livro intitulado *Abrace a Vida: Você Merece ser Feliz*, o Padre Lauro Trevisan escreve: **"Guarde seu coração acima do ódio, da mágoa, da insensatez, da calúnia, do agravo e você sobrepujará qualquer tempestade. (...) Para o coração não há erros, apenas lições positivas. (...) Mesmo que**

você tenha perdido o grande amor da sua vida, não perdeu o seu coração, portanto não perdeu o amor. E onde existe o amor, existe o milagre que refaz a vida."
Peça, portanto, a orientação de Deus; e peça também para que não fiquem manchas *(mágoas)* em sua alma.

Fazer o curativo:

Assim como não existe beleza alguma em um ferimento exposto, de maneira idêntica não há beleza alguma em exibir seu emocional estraçalhado. Embora convidativo, rejeite ao papel de vítima, já que esta categoria não será lembrada na noite de premiação do *Oscar*! Evite publicamente o assunto, não por conveniência, mas por discrição. Como diz o ditado, **"A palavra é prata, mas o silêncio é ouro"**. Ainda que não seja segredo, do mesmo jeito evite comentar e reprisar interminavelmente o *'trágico capítulo'* que todos já conhecem, mas que você insiste em contar e recontar com riqueza de detalhes. Jamais objetive ser alvo de piedade ou comiseração. Você é mais forte do que imagina. Siga o sábio conselho do Bispo húngaro São Martinho Dumiense: **"Proíbe a entrada da tristeza em teu coração, mas se já entrou, proíbe-lhe a saída ao rosto"**.

Aguardar a cicatrização natural:

Confie! Confie na cicatrização natural. Atente apenas para que o ferimento não infeccione por relapso de sua parte em não mantê-lo limpo *(existência de mágoas)* ou por ter-se esquecido de aplicar com frequência o medicamento *(oração)*. O rio segue seu curso, a vida toma seu rumo. As experiências sempre acrescentam e nada subtraem. Basta enxergarmos a verdade por trás do tumulto. Na obra *Otelo*, de *Shakespeare*, encontramos o seguinte diálogo entre Iago e Rodrigo: **"Pobres daqueles que não têm paciência.**

Como se fecha um ferimento, senão aos poucos?". Naturalmente tudo irá se solucionando, pois você seguiu os procedimentos.

Ouvir a si mesmo

As ruas de nossas cidades têm se transformado em passarelas de *'papa-léguas'*. As pessoas estão sempre correndo. E essa corrida pode ser interpretada principalmente como uma fuga de si mesmo! Estar sempre correndo garante a certeza de nunca se ouvir. É preciso meditar sobre os anseios de sua alma, e tendo sensibilidade suficiente, ouvir a alma das pessoas com as quais convive. Solicitações internas que uma vez atendidas lhe assegurarão significativos momentos mais felizes. A inabilidade em lidar com situações conflitantes que nunca são resolvidas, porque na verdade nunca estamos dispostos a fazê-lo, acaba sendo a principal responsável pela proliferação de tanta desarmonia nas diversas áreas de nossa vida.

Talvez seu íntimo lhe sussurre que sua mãe precisa receber mais atenção de sua parte. Mas você anda trabalhando tanto que quase *'não têm tempo'* para visitá-la... Nós bem sabemos que *'não ter tempo'* é uma boa justificativa. Mas por que será que quando lhe surge esse tempo, ao invés de visitá-la você prefere catar pulgas no cachorro? Pergunte-se! Mas queira encontrar as respostas, pois ficar sempre camuflando a realidade contribui e muito para as inevitáveis crises existenciais.

Estando aberto a questionamentos e disposto a saná-los com sinceridade, acabará permitindo que venham de seu interior determinadas lembranças traumatizantes que justifiquem determinadas ações, tidas como inconscientes. Essas primeiras lembranças são como a *'rolha do champanhe'*, que ao ser estourado libera a passagem para que o líquido saia, esvaziando a garrafa. Muitas vezes, por não estarmos emocionalmente preparados para vivenciar esta experiência, nem recebendo um apoio profissional adequado, acabamos por nos assustar com o estouro da rolha e suas consequências, ocasionando diversas situações:

FUGA e BLOQUEIO
Ao rememorar determinadas lembranças, repentinamente você se levanta, pois se lembrou que precisa urgentemente secar a louça, varrer a calçada... ou seja, coisas muito mais importantes do que resolver seus conflitos interiores. Em outras palavras, colocou a rolha de volta!

ETERNA VÍTIMA
Concentra-se na *'experiência-traumatizante'* e chora, rememorando a cena por duas, três, doze vezes seguidas, lembrando-se de como foi injustiçado, rejeitado, enganado... coitadinho! Porém nem se arrisca a buscar a sua parcela de responsabilidade. São amantes incondicionais de um único versículo Bíblico, contido no Sermão da Montanha: **"Bem aventurados os que choram"**.

'VIU COMO EU TENHO RAZÃO'
Concentra-se na *'experiência-traumatizante'* e chora, rememorando a cena vezes seguidas, lembrando-se de como foi injustiçado, rejeitado, enganado... e com um ar um tanto abatido, mas satisfeito, convence-se de que após passar por tudo que passou, a resposta afetiva em relação a sua mãe só poderia ser esse esfriamento. Prefere estar com a razão, mesmo que isso signifique ser infeliz. Está sempre mendigando piedade...

CHEGA DE FUGIR...
Decide não se dar por satisfeito até que a paz esteja verdadeira e plenamente em seu coração. A partir dessa *'expe-*

riência-traumatizante', decida removê-la, pois ela não está contribuindo em nada para a sua felicidade, concluindo que, além de você, ninguém mais poderá fazer isso. E a única maneira de curar essa experiência emocional negativa é mergulhando dentro de si próprio. Numa atitude adulta, convença-se a desistir de continuar tentando realizar algo que jamais conseguirá: fugir de si mesmo.

Um salto para dentro de si

Sempre ouvimos dizer que *"a mais bela viagem que existe é para dentro de si mesmo"*. De pé, aplaudimos esta sentença, mas raramente nos dirigimos à bilheteria sequer para uma informação a respeito da reserva da passagem. Isso porque talvez eu já saiba que inevitavelmente poderei deparar-me com alguns cenários não muito agradáveis: cenário de rejeição, cenário de brigas, cenário de alcoolismo, cenário de agressões, cenário de abandono, cenário de carência... Por medo desses cenários, recusamo-nos a embarcar.

Mas na verdade, num nível mais profundo, poderíamos então afirmar que recusamo-nos a nos conscientizar dessa viagem, pois já embarcamos há muito tempo. Então insisto em fechar os olhos e fingir que nada está acontecendo. Com essa atitude de fuga, jamais seremos felizes! Na frase de Margareth Lee Rimbeuk revela-se a grande verdade de que: *"A felicidade não é uma estação onde chegamos, mas uma maneira de viajar"*.

Ao mesmo tempo que ouvir a si mesmo pode provocar lembranças desagradáveis, elas também surgem como um raio de esperança, sinalizando que o perdão pode ser a solução. Tudo pode ser resolvido através da vivência do amor e da engrandecedora experiência de conceder e receber o perdão.

Mesmo protegido, não custa verificar...

Era uma bonita tarde de outono. Quase não havia vento e o brilho do sol proporcionava uma temperatura agradável. Desfrutando da paisagem e do clima da montanha, eu estava deitado na rede, escrevendo, quando decidi recolher os galhos e folhas de árvores sobre o gramado e o piso de pedras ao redor da piscina, que estava coberta com uma capa de lona. Na véspera havia caído uma forte chuva, acompanhada de uma ventania intensa. Após recolher galhos e folhas, decidi também verificar a água da piscina. Ao soltar os ganchos que prendiam a lona, levei meu primeiro susto ao ver uma aranha *(de uns 10 cm)* mover-se abaixo dela. Soltos todos os ganchos, arrastei a lona descobrindo a piscina por completo. Alguns pequenos galhos flutuavam misturados a minúsculos insetos. Com o auxílio da rede, removi tudo que se encontrava na superfície. No fundo da piscina identifiquei além de uma aranha morta, uma quantidade razoável de folhas que haviam afundado. Agora já era necessário o uso da bomba para aspirar tais detritos. Cerca de mais de uma hora já havia se passado, e eu já estava finalizando a limpeza. Guardei todos os acessórios no depósito e senti-me feliz ao ver tudo limpo novamente. Antes de voltar à rede para continuar a escrever, resolvi ligar a cascata. Simplesmente ouvindo e admirando a queda das águas, que é uma verdadeira melodia, sereno minha mente e consigo vivenciar significativos *insights*. A caminho da casa de máquinas, ao passar pela cabeceira da piscina, lembrei-me de que não havia limpo a cestinha do *skimer*. Abaixei-me, e ao retirar a tampa protetora, outro pequeno susto: duas pererecas mortas. Removi a cesta, e após lavá-la, recoloquei-a em seu devido compartimento, fechando a tampa superior do *skimer*. Agora sim, realmente a piscina estava 'totalmente' limpa.

Essa simples vivência me ensinou que nunca estamos inteiramente protegidos das chuvas e tempestades de nosso dia a dia. E também que, de maneira alegórica, nossa mente e nosso coração são cheios de pequenos compartimentos que precisam ser constantemente vistoriados, visando eliminar *'pererecas mortas e escondidas'*.

É por isso que convido você a ler todos os capítulos deste livro, mesmo aqueles em que julga não possuir mágoas ou traumas. Por exemplo; mesmo que julgue viver um casamento maravilhoso, não deixe de ler o capítulo que trata desse assunto. Assim não correrá o risco de ter se esquecido de alguma *'cestinha'* magoada.

Não tenha medo das transformações que ocorrerão em seu interior! Pelo contrário, deseje-as! Apenas não se pressione para perdoar antes que realmente se sinta pronto para isso.

Pode ser que, após a leitura e reflexão das histórias, afirmações ou pensamentos narrados, comece a surgir dentro de sua consciência e de seu coração um certo incômodo. E ainda bem que incomoda, pois está sinalizando que tais sentimentos não pertencem verdadeiramente a você, embora os tenha carregado durante tanto tempo. Perceberá que *'você não é uma pessoa magoada'* e sim *'você é uma pessoa que está magoada'*, mas você não é a mágoa! Justamente por isso ela não lhe pertence, e nem você a ela! Descobrirá então que possui a alternativa de deixá-la ir... Será um grande marco em sua existência. Você optou por ser feliz!

Capítulo 3

Perdão nos Relacionamentos Humanos

*"A arte de viver
é simplesmente a arte de conviver ...
simplesmente, disse eu?
Mas como é difícil!"*
Mário Quintana

Permita-me contar-lhe a seguinte história:

Era uma vez um coelhinho que passeava saltitante pela savana africana. Devido ao intenso calor, ansiava por uma sombra, quando finalmente avistou um imenso baobá. Correu até a sua direção e pôs-se a repousar. Começou a observar a grandiosidade daquela árvore que com seus galhos e folhas proporcionava uma refrescante sombra. Admirando tanta beleza e sentindo-se grato por aquela sombra, expressou em voz alta: *'Muito obrigado baobá, por esta sombra maravilhosa!'*

O baobá que estava ali há anos proporcionando sombra a todos os transeuntes e nunca tinha recebido sequer um elogio ou agradecimento ficou tão feliz que, para expressar seu contentamento, balançou levemente os galhos agitando as folhas.

O coelhinho, bom observador que era, notando que não havia vento algum na região, pôs-se logo a questionar-se: *'Será que o baobá compreende o que eu estou falando? Será que está tentando se comunicar?'* e olhando novamente para cima, indagou: *'Você compreende o que eu falo?'*

Novamente as folhas se agitaram, em sinal afirmativo.

O coelhinho era esperto também! Como estava sentindo fome, resolveu tentar uma provocação: *'Sua sombra é maravilhosa baobá! Mas será que seu fruto também é tão maravilhoso quanto você? Na minha modesta opinião, se ele fosse gostoso não nasceria em galhos tão altos, mas sim bem próximo ao chão, onde todos pudessem prová-lo.'*

Novamente as folhas se agitaram, ao mesmo tempo em que um fruto se desprendia do galho.

Com um certo espanto, o coelhinho aproximou-se do fruto e pôs-se a saboreá-lo. Fartou-se deliciosamente! Agradecido, disse: *'Puxa baobá, você é extremamente gentil; sua sombra é maravilhosa; seu fruto possui um sabor inigualável, quais surpresas mais você tem?'*

Foi então que o coelhinho presenciou algo incrível: após agitar novamente seus galhos, o baobá começou lentamente a abrir as camadas de seu tronco. À medida que as camadas iam se abrindo, o tronco, que na primeira camada era grosso foi ficando cada vez mais lisinho. De olhinhos arregalados, o coelhinho inebriado acompanhava as camadas se abrindo vagarosamente, até que a última foi um verdadeiro portal desvendando o paraíso. No interior do baobá havia infinitas pedras preciosas. Surpreso, o coelhinho perguntou ao baobá: *'Será que eu poderia retirar algumas dessas joias para presentear a minha esposa?'*

As folhas se agitaram consentindo o desejo.

O coelhinho pegou então um anel de safira. Agradeceu ao baobá e saiu em disparada ao encontro da dona Coelha.

Chegando, nem sequer conseguia respirar, de tanto que correu. Com fisionomia totalmente assustada, foi logo pedindo para que ela fechasse seus olhinhos, pois tinha uma enorme surpresa para ela. Ansiosa, colocou as orelhas sob os olhos à espera da tal surpresa. Ele então colocou o anel de safira em cima do sofá e afirmou que ela já podia olhar. Tão logo abriu os olhos deu um grito e exclamou: *'É por isso que você está cansado... está correndo da polícia! Onde você roubou isto?'*

Decepcionado com a inesperada atitude da esposinha, foi logo lhe contando toda a história. Com ar desconfiado ela ouvia suas palavras e, após fazê-lo jurar três vezes que era verdade, abraçou-o fortemente agradecendo pelo presente. Ele fez questão de colocar o anel de safira na patinha de sua amada coelhinha. Ela se olhava no espelho, sentindo-se a mais bela de todas as coelhas...

Não negando ao incontrolável instinto de vaidade, despediu-se do marido coelhinho e dirigiu-se a porta da rua para um passeio exibicionista. Tão elegante estava ela que já nem mais saltitava, e sim flutuava pelas ruas da pequena vila em que morava.

Para sua alegria, não passou muito e logo encontrou-se com uma amiga:

– *Como vai, Dona Hiena?* – foi logo dizendo.

– *Pelo visto, não tão bem como a senhora* – replicou Hiena, indagando – *De quem a senhora ganhou tão linda joia?*

– *Ah! Foi do meu amaaaado marido!*

– *Como? Todos sabem que ele ganha salário mínimo!* – disse a Hiena já com a boca torta de ciúmes.

– *Não, ele não comprou. Na verdade tem um baobá...*

E logo D. Hiena já estava sabendo de toda a história.

Com segundas intenções, ouviu tudo nos mínimos detalhes e, mal se despediram, lá foi D. Hiena rumo ao próspero baobá. No caminho, mentalmente ia memorizando os elogios para se chegar às pedras preciosas.

Tão logo avistou o baobá disparou em sua direção. Parou embaixo dele e fingindo-se mais cansada do que realmente estava, exclamou: *'Oh! que sombra maravilhosa! Muito obrigado baobá, por você existir!'*

O baobá, surpreso por receber dois elogios no mesmo dia, após anos sendo praticamente ignorado, balançou levemente os galhos agitando as folhas, muito feliz.

D. Hiena, com um sorriso repugnante pensou animada: *'Está dando certo!'* e foi logo prosseguindo: *'Sua sombra é muito boa! E o seu fruto, será igualmente bom? Acho que não. Se fosse gostoso nasceria no chão, não no alto onde ninguém alcança.'*

Logo ouvia-se o baque do fruto partindo-se ao chão.

Ansiosa, D. Hiena mal lambeu o fruto e foi logo concluindo: *'Que mistérios mais você pode me mostrar?'*

Seguindo exatamente o mesmo ritual, agitando levemente seus galhos e folhas, o baobá começou a abrir as camadas de seu tronco, lentamente.

Mas para a ganância da D. Hiena, aquilo estava devagar demais. Foi então que numa atitude insana, ela pulou em direção ao baobá e aos gritos começou a forçá-lo para que se abrisse mais rápido: *'Vamos! Anda logo! Eu quero o tesouro! Me dá! Me dá logo!'*

Assustado e, principalmente decepcionado, o baobá começou a se fechar com rapidez, força e determinação, de maneira que nunca mais se abriu para ninguém!

Eu não sei quem foi a hiena que passou pela sua vida, fazendo com que você também se transformasse em um verdadeiro baobá, fechado para o mundo, fechado para a vida, fechado para as emoções, fechado para as pessoas... Eu não sei quem foi a hiena que passou pela sua vida; talvez tenham sido várias, e cada uma delas acabou levando um pedacinho de você, um pedacinho de suas alegrias, um pedacinho de seus sonhos, um pedacinho de sua inocência... Eu não sei quem foi a hiena que passou pela sua vida, mas o que nós dois sabemos, neste instante, é que continuar a viver fechado, magoado e com medo não tem contribuído em nada para a sua felicidade.

Sem o exercício do perdão mútuo, as relações humanas se tornam cada vez mais insustentáveis.

O perdão é algo que acontece dentro de nós!

O perdão é uma experiência interna! A partir dessa vivência nossa postura se abre para que deixemos partir a raiva, a indignação, a tristeza, a hostilidade e quaisquer outros maus sentimentos que estejam afetando a nossa vida. Se nos mantivermos conscientes e focados no aqui e agora, o perdão será sempre uma alternativa em nossa vida, aconteça o que acontecer.

"Ah! Mas quem sou eu para perdoar? Quem perdoa é Deus!!!"

É verdade, quem perdoa é Deus. Mas Ele perdoa através de você! E quando o nosso coração está repleto de Deus, surge em nós força até para perdoarmos o imperdoável!

Perdoar e ser perdoado é o caminho mais confiável para uma vida plena, livre e feliz. Quando concedemos e/ou recebemos o perdão, um imenso peso é eliminado, transformando a vida de todos os envolvidos.

A maioria das pessoas, quando passa por um trauma, tristeza ou ofensa congela a vida naquele episódio. Quando escolhemos perdoar, nós damos um passo além daquela situação, permitindo que a vida continue. Perdoar e ser perdoado nos permite viver o agora, com capacidade para nos conduzirmos pela vida sem a interferência de fatos do passado.

Quando sofremos uma ofensa, muitas vezes mergulhamos nas emoções negativas geradas por ela, e não nos damos conta de que o perdão seria uma opção oportuna para aquele momento. Na verdade, eu sei ficar magoado, mas não sei como me livrar da mágoa.

Laboratório da Vida

Nosso dia a dia constitui-se em um verdadeiro laboratório onde vivenciamos as mais diversas experiências. Muitas vezes obtemos resultados favoráveis, outras vezes porém, semelhantemente a filmes do gênero *cientista-maluco*, após uma acidental explosão, assustados e de cabelos completamente chamuscados, retiramo-nos do *'laboratório da vida'*, sentindo-nos um verdadeiro fracasso. Em nosso viver diário estamos sujeitos a acertos e erros, épocas de calmaria ou de intempérie. Não foi ao acaso que Sêneca (5-65) sabiamente instruiu-nos que **"Enquanto se vive é necessário aprender a viver"**. O importante porém, é jamais retirarmo-nos *(fugirmos)* da vida e de todas as experiências que ela nos proporciona.

Nos relacionamentos humanos, que também sofrem explosões em maior ou menor proporção, a maior lição a ser desfrutada consiste em analisarmos o que causou a explosão, e quais posturas poderão evitar outras prováveis futuras explosões. Portanto, se sempre mantivermos a disposição de, controlando nossas emoções, buscarmos discernir a *causa* do *efeito*, a *ação* da *reação*, o *estímulo* da *resposta*, seremos agraciados com lições preciosas, retiradas inclusive de situações amargas, que servem para amadurecer nosso caráter, jamais para endurecer nossos corações.

Portanto a compreensão e o autoconhecimento são ingredientes fundamentais para que deixemos de julgar as pessoas. O poeta e ensaísta alemão Friedrich Ruckert (1781-1866) alertou: *"Perdoa, querido, a quem deu um passo errado; não esqueças que também tu tens pés que podem tropeçar."*

Então, uma nova virtude nasce em nosso coração: a tolerância. Todo esse aprendizado se tornará essencial no momento em que o perdão se fizer necessário. E você se sentirá preparado!

Como reprogramar hábitos emocionais destrutivos

Em primeiro lugar, tornando-nos conscientes deles, e em seguida, desejando profundamente lapidá-los.

'Não consigo entender por que agi de modo tão estúpido...'

Quantas vezes já pronunciamos frases de parecido teor? Creio que você, assim como eu, em inúmeras situações. A questão é que a maioria interroga-se sem a real intenção de encontrar a resposta. Funciona mais como uma expressão capaz de atenuar o sentimento de culpa, do que um sincero raciocínio investigativo que vise a desativar tais hábitos emocionais destrutivos e evitar suas futuras repetições desnecessárias.

Determinada feita, no intervalo de uma de minhas palestras, fui até uma sala onde funcionava a secretaria, conversar com a equipe promotora do evento. Após tomar uma pequena e desejada xícara de café, decidi ficar por ali mesmo e sentei-me num pequeno sofá enquanto folheava um livro qualquer no aguardo de minha próxima atividade. Logo, todos saíram da sala, com exceção de uma senhora, que estava sentada em frente ao computador, digitando as fichas dos participantes. Pude perceber que aquele parecia ser um dos primeiros encontros entre aquela gentil senhora e o milagre tecnológico chamado computador. Usando óculos na ponta do nariz e procurando demonstrar mais eficiência do que realmente possuía *(para aquela função)*, lentamente caçava as teclas do computador, uma a uma, numa velocidade incrivelmente morosa. Observei que sua maior dificuldade, além de manusear o teclado, estava no fato de decifrar as fichas e determinadas caligrafias, de modo que, quando voltava ao teclado, o monitor estava com a proteção de tela ativada. Discretamente, ela emitia uma pequena expressão de desagrado, agitava o mouse para que a tela principal voltasse e reiniciava a difícil tarefa de garimpar letras. Fiquei a observar essa mesma cena se repetir por três ou quatro vezes e então lhe ofereci ajuda e desativei a proteção de tela. Parte do *'problema'* estava resolvido.

Transportando esse episódio para o campo das emoções, podemos aprender muito ao traçarmos um simples paralelo:

Dificuldade em lidar com o computador
Equivale ao fato de não sabermos lidar com nossas próprias emoções. Que dizer então das emoções alheias *(decifrar a caligrafia do outro)*?

Espanto ao ver surgir a proteção de tela
A frase **"*Não consigo entender por que agi de modo tão estúpido...*"**, já citada anteriormente, ilustra perfeitamente esse ponto. Além de não sabermos lidar com nossas emoções e por desconhecermos sua origem, não é raro classificá-las como sendo reações normais, e acabamos aceitando conviver com elas, embora nos desagradem.

Agitar o ***mouse***
Seriam os recursos utilizados ante determinadas emoções negativas, no intuito de abafá-las ou controlá-las, como por exemplo: contar até dez; fechar os olhos e respirar profundamente; orar; ir ao banheiro para dar um grito no vaso

sanitário e depois ativar a válvula de descarga... enfim, podem até ser soluções que aliviam, mas definitivamente não resolvem. Basta um descuido, e o episódio se repete.

Desativar a proteção de tela
Ao compreender que era desnecessário aborrecer-se com a proteção de tela, pois existia o recurso de desativá-la, aquela senhora respirou um pouco mais aliviada. Em vez de ficarmos eternamente *'agitando o mouse'* no intuito de acalmar as nossas emoções destrutivas e perturbadoras, é muito mais salutar desenvolvermos a habilidade da compreensão de *'porquê'* específicas emoções indesejáveis são automaticamente ativadas em nosso interior, ao mesmo tempo em que descobrimos através de quais meios podemos desativar tais mecanismos.

Assumindo uma nova postura
Quando decido assumir uma nova postura para comigo mesmo e para com o próximo, significa que estou me abrindo para ver as mesmas pessoas, porém, com olhos renovados, disposto a enxergar o que pode de fato existir por trás do *eu magoado*, do *eu crítico*, do *eu vingativo*...

Ao enxergarmos todas as pessoas como seres que desejam profundamente receber amor, reconhecimento, aplausos, etc., nossos relacionamentos fluem muito mais harmonicamente, eliminando-se espaços para o surgimento de atritos.

A questão, porém, é que a imensa maioria expressa esse desejo, não por palavras, mas através de símbolos que precisam ser interpretados. O difícil é que nem sempre as pessoas estão aptas a interpretá-los. Não é sem fundamento que *Ernet Cassirer*, um dos maiores filósofos do século XX, afirmou que **"Deveríamos definir o homem como ANIMAL SYMBO-**

LICUM **e não como ANIMAL RATIONALE"**. Concordo com o filósofo, porém concedendo-me o direito de adaptá-la, prefiro afirmar que somos mais um *'SER SIMBÓLICO'* do que um *'SER RACIONAL'*.

Ouvir o que não foi dito

Você já se deparou com alguém, no trabalho ou em seu lar, que estivesse de *'cara feia'*? E quando indagado, logo se justifica dizendo que não é nada com você. Aí você se pergunta: *'Se não é nada comigo, então por que ele está mostrando essa fisionomia para mim?'*. Isso não seria óbvio? Claro que sim, seria o mais racional, porém, na prática...

Na prática nem sempre agimos de forma racional. Quando nos sentimos zangados, humilhados, frustrados ou contrariados, ao invés de comunicar esses sentimentos ao interessado, optamos por emitir símbolos a serem desvendados, tais como bater a porta, pisar duro, olhar frio, maxilar cerrado, respostas secas ou irônicas... Por isso o alerta de John Powell: *"Para compreender as pessoas devo escutar o que elas não estão dizendo, o que elas talvez nunca venham a dizer"*.

Presença de atritos

Se nossos relacionamentos estiverem embasados no amor e no perdão, não existirão tantos atritos. Porém muitas vezes percebemos que houve uma inversão em nossos relacionamentos atuais, pois estão todos embasados no atrito, e não existe amor e nem perdão...

Nesse ponto crítico de desgaste extremo de nossas relações, após uma série de análises, ponderações e considerações concluímos que, mesmo um bom motor, por melhor que seja sua tecnologia, acabará por travar se continuar trabalhando com partículas de areia misturadas ao lubrificante. Mesmo que sejam minúsculas as partículas de mágoa, se não as deixo ir e continuo a carregá-las em meu dia a dia, minha qualidade de vida não será das melhores.

Não dá mais para continuar existindo areia entre as pessoas com as quais convivo. Ninguém sente-se feliz por estar em atrito com quem quer que seja.

De maneira unânime sempre acreditamos que a solução definitiva desses atritos se daria através de uma *'mudança'* por parte da outra pessoa. Existem até aqueles que se colocam em oração para que o outro se modifique... Marilyn Ferguson declarou: **"Que haja transformação, e que comece comigo"**. Todos podem ser transformados, inclusive você!

Antes de tentar modificar o outro, não se esqueça que você também pode *(e deve)* ser transformado em primeiro lugar.

Atentando para o hábito

Gosto muito do seguinte Provérbio Francês: **"Falar bondosamente não machuca a língua"**. Eis mais um segredo para um viver feliz. Porém, um mau hábito muito comum e por vezes despercebido em nossa vida é o de *criticar*. Quando nos damos conta, lá está fulano ou fulana no alvo da conversa. Por vezes sentimos um estranho prazer em identificar um ponto negativo em certas pessoas e divulgá-lo.

Determinada vez lia um bom livro durante um voo para Recife, PE, e ao meu lado viajavam também duas senhoras. Desde a decolagem do avião, as duas trocavam riquezas de detalhes sobre o *'podre'* de outra *'amiga'*. Quando percebi, estava com o livro aberto, porém de 'carona' na conversa alheia. *(Eu sei que isso é feio, mas aconteceu...)* Interessante a maneira com que a conversa era conduzida, abastecida por um entusiasmo tão grande, que mesmo na hora do lanche servido a bordo, falavam de *'boca cheia'*. Não podiam perder um minuto sequer em sacrificar a coitadinha. Citavam um ato da *'amiga'* e, comparando-se a ela, afirmavam que em seu lugar jamais teriam agido daquele modo... jamais teriam coragem... jamais permitiriam... jamais abusariam... jamais... e jamais... e jamais... e finalizando, referiam-se a si mesmas como exemplo de bondade, fidelidade, caridade, compreensão, humanismo...

Uma atitude desnecessária e questionável esta de denegrir a imagem do próximo. Principalmente se aponto seus defeitos comparando-os com as minhas *(supostas) 'virtudes'*, ou seja, inconscientemente sinto a necessidade de rebaixá-lo para que eu possa ser exaltado.

Ao desembarcarmos, *'sem querer'* fiquei ao lado delas na esteira, aguardando a liberação das bagagens. Pasmem vocês, pois o linchamento continuava, acompanhado de risos de deboche! Eu já estava quase rindo junto...

Na vida real, ao procedermos dessa maneira, serão necessárias dúzias de carrinhos para carregar tanta bagagem *'podre'*, que sequer nos pertence. Diariamente, ao nos relacionarmos com os mais diversos tipos de pessoas, veiculam também os mais diversos tipos de assuntos, construtivos ou não. Como numa esteira de bagagens de um aeroporto, podemos *(e devemos)* recolher somente o que nos pertence.

Sabendo que críticas e fofocas nada nos acrescentam, por que então continuamos a agir de tal maneira? Hábito é a única e certeira resposta.

Criticar é um hábito, assim como viver magoado também o é.

"O hábito é ou o melhor dos servos, ou o pior dos amos", afirmou sabiamente Nathaniel Emmons. Quando cultivamos hábitos positivos e saudáveis, nossa vida recebe sua influência direta, podendo se dizer o mesmo dos hábitos negativos, do qual acabamos tornando-nos prisioneiros. Romper com os maus hábitos é, sem dúvida, a solução para um viver mais saudável e produtivo. Lembremo-nos, porém, do importante alerta de Mark Twain: **"A gente não se liberta de um hábito atirando-o pela janela: é preciso fazê-lo descer a escada, degrau por degrau"**.

Capítulo 4

Perdão Intelectual x Perdão Emocional

Ao perdoarmos e/ou sermos perdoados, é comum sermos inundados por uma emoção muito forte e agradável. Essa emoção é gerada pelo perdão, mas não é o perdão em si; ou seja, o ato de perdoar e/ou ser perdoado pode nos proporcionar emoções agradáveis e libertadoras, mas o perdão não pode ser classificado como uma emoção. O perdão é um ato de vontade, e não um sentimento! A mágoa é um sentimento, e o perdão é um ato de vontade para superar tal sentimento.

Partindo dessa premissa, convido você agora a continuar me acompanhando em minha próxima linha de raciocínio: o perdão não é uma emoção, mas ele pode ocorrer de forma emocional, de forma intelectual ou como uma junção das duas formas.

E é de grande relevância ressaltar a distinção entre perdão intelectual e perdão emocional, pois não distinguir a diferença entre ambos pode ser desastroso. Passada a fase eufórica 'Eu perdoei! Eu perdoei!', logo se percebe que não conseguiu perdoar coisa ou pessoa alguma, embora não se possa negar a tentativa.

Muito ouvimos falar a respeito da necessidade do perdão; inúmeras frases de impacto a respeito do assunto nos são citadas, inclusive neste livro, no intuito não só de auxiliar nossa escalada rumo ao perdão, bem como assegurar nossa chegada ao território do perdão. Mas a questão que gostaria de enfocar agora, é que, tão importante quanto compreendermos *(intelecto)* a necessidade de perdoar, é sentirmos *(emocional)* a necessidade de perdoar. Pode-se até arriscar na afirmação de que um não caminha sem o outro, bem como um não precede o outro. Em suma, enquanto o perdão intelectual é aquele obtido exclusivamente através da linha de raciocínio lógico, onde se busca compreender o outro ou a situação apenas por conclusões matemáticas, o perdão emocional é vivenciado quando seguimos *(inteligentemente)* nosso coração. Os fatos em si são os mesmos, mas a nossa capacidade de analisar exclusivamente com o coração ou somente com o intelecto determinará nossa disposição em exercermos ou não a vivência do perdão. É importante descobrir a diferença entre *saber que precisa perdoar e sentir que precisa perdoar*.

Explicação não diminui a dor

Determinada vez atendi um senhor que já beirava os sessenta anos de idade. Como de costume, primeiramente deixo que a pessoa fale tudo que lhe vier à mente, até sentir-se *'esvaziada'*. O interessante neste caso foi que para cada frase proferida, de imediato, ele mesmo justificava as ações da outra pessoa. Sem maiores detalhes e de maneira bem resumida, transcreverei abaixo um trecho da consulta, sublinhando suas próprias justificativas:

> *Eu sofro muito. Posso lhe afirmar que minha vida toda foi puro sofrimento. Não tive uma infância nem uma juventude feliz; <u>não que meus pais sejam os únicos culpados, eu também tenho minha parcela de culpa.</u> Nós morávamos no sítio e meus pais trabalhavam muito, quase não tinham tempo para os filhos. <u>Mas também, se eles não trabalhassem, o que seria de nós?</u> Mas além de não terem muito tempo, não tinham muita paciência também. <u>Isso dá para compreender, pois chegavam cansados.</u> Então, por qualquer coisinha que irritasse meu pai,*

ele logo deixava minhas pernas roxas com sua cinta de couro. <u>Coitado, acho que ele não queria fazer aquilo, mas era a única maneira que ele sabia para nos ensinar. Na verdade, quando ele era pequeno apanhou muito do pai dele e acho que é por isso que ele me batia.</u> E assim todos nós crescemos sem muito carinho por parte deles, <u>mas em compensação nunca nos deixaram faltar nada.</u> Então eu fui para a cidade, estudei, me formei, me casei, tive filhos e hoje não consigo ser feliz. Quando meus filhos eram pequenos, por qualquer coisinha eu batia neles. <u>Acho que é pelo fato de eu ter apanhado muito também.</u> Eu não queria ser tão severo, <u>mas é que os problemas eram tantos...</u> Hoje existe uma certa frieza em nossa família. Parece que os filhos vêm nos visitar somente por obrigação. <u>Lógico que eu compreendo que cada um tem a sua vida, o seu trabalho.</u> Eles são maravilhosos, o problema deve estar comigo! – concluiu já com lágrimas nos olhos e de cabeça baixa.

Sua fisionomia abatida acompanhada pelo tom trêmulo de sua voz, adicionado aos movimentos desordenados de suas mãos enquanto falava, por si só já traduziam o grau de sofrimento que ele estava atravessando. Dialogando calmamente, procuramos analisar todas aquelas sentenças de seu intelecto, uma a uma, por mais insignificante que aparentasse ser e arejar um pouco o seu inconsciente. Obviamente não desejo compartilhar aqui detalhes da consulta, ainda que anonimamente. O que desejo de fato é sublinhar o conflito que surge muitas vezes entre mente e coração, onde por mais que encontremos explicações, nem sempre elas são suficientes para tirar a dor.

Perdão intelectual

Já sabemos que este tipo de perdão é obtido pelo raciocínio lógico, saldo de várias conclusões. Se estacionarmos nessa etapa, poderemos obter um perdão puramente racional, sem nenhuma emoção envolvida no processo, o que pode evidenciar um artifício para negar sentimentos incômodos, bem como uma maneira de se evitar a verdade. Vejamos um exemplo bem simples:

> *'Meu pai quando era criança apanhou muito do pai dele. Ah! então é por isso que ele me bateu tanto. Coitadinho... está perdoado!'.*

Você acreditaria em um perdão assim? Porém, muitas vezes, concedemos esse tipo de perdão intelectual, vítimas dessa linha de raciocínio que passa despercebida. Na verdade não passa de um perdão momentâneo, que poderá durar algum tempo até que novamente comecem a surgir novos questionamentos: *'Então porque apanhou me bateu? Mas ele tinha esse direito?'* e novamente tudo se desmorona...

Uma mãe desesperada busca orientação para solucionar a triste dinâmica familiar em que o seu filho está se consumindo em drogas; durante a consulta, ouve a sugestão de que uma das causas dessa situação possa ser o fato de ela o ter rejeitado durante a gestação, portanto, ao chegar em casa, caia de joelhos em frente ao seu filho e peça-lhe perdão. Então ela compreende *(no intelecto)* que se pedir perdão, o filho largará as drogas. Chega em casa, joga-se aos pés do filho clamando por perdão e este, assustado e sem entender nada, sai para *'dar uma cheiradinha'*, ou seja, a situação não se resolveu. Tudo porque não houve um arrependimento sincero *(emocional)* por parte da mãe, em tê-lo rejeitado durante uma gravidez indesejada; ela não mergulhou dentro de seus sentimentos e dos sentimentos e sofrimentos do filho, mas entendeu que um pedido de perdão o libertaria das drogas e assim agiu, até com boas intenções, mas como não houve um forte *(e essencial)* sentimento de arrependimento, o filho interpretou aquilo como sendo mais um *teatrinho emocional*.

Uma vez sugerido o perdão, centre-se no objetivo principal, que é o perdão, pois os doces frutos são consequência certa.

A armadilha do perdão intelectual

"Compreendo a necessidade de perdoar, mas não sinto vontade de perdoar."
Como proceder nesse caso?
É simples: não perdoe! *(ainda)*

A vontade de perdoar não nasceu por diversos motivos e, talvez entre eles, existam pensamentos enganosos que nos desencorajem de vivenciar o perdão. Por isso sempre ressalto a delicadeza com que o tema deve ser tratado, respeitando-se as emoções do momento ao mesmo tempo que nos esforçamos em superá-la. Em todas as etapas de estruturação do perdão é essencial compreendermos o que *o perdão significa* e o que *o perdão não significa*. Essa percepção é a base para não cairmos na armadilha do perdão intelectual e, enganados por ele, sustentarmos uma série de atitudes que não se coadunam com o perdão profundo e libertador. O *pseudoperdão* cria um ambiente artificial que nos distancia da consciência e da vivência do verdadeiro perdão. Estaremos principalmente nos distanciando da quietude interior e aumentando a pressão interna. Essa atitude cria em nós um desassossego... Já o perdão libertador, que nos auxilia na compreensão das verdades mais elevadas, nasce do sincero desejo de ser feliz e libertar o outro para que também seja feliz, cada qual em seu caminho.

Vivenciar o perdão

Todos sabem que consumir *fígado* é bom para a saúde, porque contém ferro. Porém, conta-se nos dedos as pessoas que realmente apreciam consumir *fígado*. Alguns gostam, portanto saboreiam *fígado*; outros não gostam, mas consomem em nome dos benefícios para a saúde; e há ainda os que detestam e não consomem nem em pensamento; e não podemos deixar de fora o grupo dos que não gostam, portanto não consomem, mas obrigam os outros *(filhos, por exemplo)* a consumirem...

Para você entender onde pretendo chegar, leia novamente o parágrafo acima, substituindo a palavra *'fígado'* por *'perdão'*.

Ficou um tanto hilária, mas é assim que determinadas pessoas agem: elas consomem *'perdão'* em nome dos ganhos e benefícios. Consumindo *'perdão'* elas poderão recuperar *(momentaneamente)* a saúde; poderão ser aceitas novamente em suas famílias; poderão garantir estabilidade no emprego; poderão até manter um casamento falido... tudo ilusão! Pode até haver melhora momentânea, mas não definitiva como se deseja.

Perdão não é algo para ser consumido, muito menos para ser praticado! Você pode praticar esportes porque todo mundo pratica, mas se você odeia esportes, que benefícios reais poderá obter se exercitando a contragosto?

Em suma, perdão não se consome nem se pratica. Perdão se vivencia!

Perdoar é viver na sinceridade

A pessoa que perdoa não precisa, em absoluto, desfilar ou proclamar o seu perdão revestida por uma capa de santidade, mesmo porque, conforme já afirmamos anteriormente, o perdão não está ligado exclusivamente às questões religiosas, mas *(principalmente)* a uma questão de bom senso. Os benefícios do perdão, há muito já escaparam dos discursos religiosos, desfazendo-se de sua *Roupagem Divina*, para se estabelecer como *Qualidade de Vida*. Semelhante a alguém que se encontre em uma bifurcação, onde se exige uma tomada de decisão sobre qual caminho seguir, quando nos encontramos frente a um impasse em nossos relacionamentos, essa decisão também nos é exigida: devo ponderar o caminho do viver magoado e todas as consequências de trilhar esse caminho, ou o caminho do perdão; seguí-lo é sinônimo de liberdade. Liberdade de prosseguir acreditando no amor, no ser humano, na justiça, na plena saúde *(emocional e física)*. Liberdade de se libertar do passado, da condição de vítima e passar a viver tão somente o aqui e agora. O tributo cobrado pelo ato de não perdoar só é sentindo quando começamos a pagá-lo com a perda da saúde, da alegria de viver, com a chegada da solidão... Portanto, mais uma vez concluímos que o perdão está mais ligado à uma questão de sabedoria do que de santidade.

A diferença entre sabedoria e *(pseudo)* santidade é gritante: sabedoria lhe confere plena liberdade e sinceridade, inclusive para se perceber novamente ressentido com aquele ou aquilo que imaginava já haver superado. Permite-lhe cair e lhe garante forças para levantar-se, ainda mais forte. E numa análise de ganhos emocionais, o resultado é sempre positivo, pois percebe-se que mesmo caindo, caiu para cima.

Já, quando se reveste de santidade e proclama seu perdão aos quatro cantos, faz com que se torne prisioneiro de sua própria decisão. Você se cobra e é tão cobrado, ainda que em forma de admiração, que caso volte a se ressentir com tais pessoas, nega tais sentimentos, despendendo grande esforço *(inútil e desgastante)* para encobri-los. Nunca se permite entrar em contato com os verdadeiros sentimentos. As pessoas o admiram tanto que você está sempre preso a uma fisionomia obrigatoriamente feliz, amarrada a um discurso decorado a respeito da *'feliz experiência do perdão'* em sua vida.

Perdoar é viver na sinceridade. Precisamos compreender que o perdão não é algo que acontece de repente, muito menos algo definitivo em nossas vidas. Posso empenhar todo o meu coração na tentativa de perdoar alguém; sinto que perdoei e alegro-me por isso. Mas inesperadamente, numa ocasião qualquer, deparo-me com tal pessoa e, totalmente impotente, posso ver surgir novamente uma série de sentimentos ainda não superados. Percebo que *'ainda'* não consegui perdoá-la totalmente, o que não é recriminatório. Não ter conseguido perdoar totalmente não significa ausência da verdade em sua intenção. O contrário da verdade é a mentira. Enganar-se a si mesmo é viver um perdão mentiroso e oportunista, que encobre a real intensidade da dor, e nessa incapacidade de lidar com ela, acaba fugindo da realidade. Perdoar totalmente e verdadeiramente é possível após a vivência e compreensão de várias etapas, bem vividas, cada qual a seu tempo.

'Nem eu te condeno'

No Novo Testamento, encontramos no capítulo 8 de *João*, dos versículos 3 à 11, a seguinte narração:

"Então os escribas e fariseus trouxeram-lhe uma mulher apanhada em adultério; e pondo-a no meio, disseram-lhe: *Mestre, esta mulher foi apanhada em flagrante adultério. Ora, Moisés nos ordena na lei que as tais sejam apedrejadas. Tu, pois, que dizes?* Isto diziam eles, tentando-o, para terem de que o acusar. Jesus, porém, inclinando-se, começou a escrever no chão com o dedo. Mas, como insistissem em perguntar-lhe, ergueu-se e disse-lhes: *Aquele dentre vós que está sem pecado seja o primeiro que lhe atire uma pedra.* E, tornando a inclinar-se, escrevia na terra. Quando ouviram isto foram saindo um a um, a começar pelos mais velhos, até os últimos; ficou só Jesus, e a mulher ali em pé. Então, erguendo-se Jesus e não vendo a ninguém senão a mulher, perguntou-lhe: *Mulher, onde estão aqueles teus acusadores? Ninguém te condenou?* Respondeu ela: *Ninguém, Senhor.* E disse-lhe Jesus: *Nem eu te condeno; vai-te, e não peques mais.*"

Particularmente medito em duas grandes lições que esta passagem nos transmite:

1. "aquele que nunca errou, atire a primeira pedra"

Convém observar a afirmação: *"aquele que nunca errou"*, e não *"aquele que nunca adulterou"*. Jesus referia-se a todos os atos de nossa vida. Não se referia a pequenos ou grandes erros, mas se alguém ali era capaz de viver isento de erros. É como se Jesus dissesse: *"Você que aqui está, ansioso para apedrejar esta mulher, já parou para pensar se está tudo bem em sua casa? Seus filhos sentem seu amor e respeito por eles? Seu cônjuge está feliz e agradecido a você? Seu lar está em paz?"*. Narra a Bíblia Sagrada que, um a um todos foram se retirando, a começar dos mais velhos para os mais novos. Neste ponto, encontramos também a reflexão de que por muitas vezes condenamos nos outros erros que um dia também já praticamos ou continuamos praticando. Pais que se *'esquecem'* de seus dias de juventude imatura e hoje criticam seus filhos ao vê-los cometendo as mesmas imaturidades um dia já praticadas. Se eu critico em meu filho um ato que um dia eu também já pratiquei, é sinal que eu ainda não me perdoei por tal fato. Compreendê-lo ou não no outro é que indica se já me perdoei ou não.

2. "Nem eu te condeno..."
Que frase profunda e desconcertante!
Uma frase que nós podemos aprender a pronunciar mais vezes em nossa vida. Nem eu te condeno...
Nosso coração é um verdadeiro **Santuário de Amor**. Mas por quantas e quantas vezes nós o transformamos em um verdadeiro **Tribunal de Justiça**, onde nos colocamos na posição de Juiz, condenando as pessoas, condenando nossos amigos, condenando nossos familiares... promulgando sentenças duras como:
"Meu pai, eu não vou lhe perdoar nunca!"
"Minha mãe, quando eu mais precisei você não me apoiou! Eu não posso lhe perdoar!"
"Meu filho, eu te criei com tanto amor e você me trata assim?"
"Marido! Doeu demais...eu não consigo lhe perdoar"
"Esqueça que é meu pai!";

"Esqueça que é minha mãe!";
"Esqueça que é meu irmão!";
"Esqueça que é minha irmã".

Perdoar é reconciliar

Em um dicionário, de todos os significados encontrados para a palavra **reconciliar**, em minha opinião, o que expressa com mais fidelidade sua aplicação à vida prática é justamente o que afirma que reconciliar significa **dar absolvição**.

Falando em termos práticos, os únicos *'autorizados'* a condenar ou absolver qualquer pessoa são os *juizes*. E conforme acabamos de ler acima, incontáveis são as vezes em que nos colocamos nessa posição de *juiz*, promulgando sentenças duras e irrevogáveis como **'Fulano, eu não vou lhe perdoar nunca!'**. Sentença esta promulgada contra a nossa própria pessoa, porque está ferindo não só outro, mas também a nossa própria existência que, com certeza, a partir deste momento será fortemente afetada por esta decisão. Sentença essa que fere a nossa capacidade humana e divina de perdoar 70 x 7, e se preciso for, mais 70 x 7...

Perdão verdadeiro, capaz de dar absolvição, é aquele que é fruto da compaixão, que se desenvolve a partir da razão, mas que supera inclusive a própria razão. É uma força tão grandiosa, difícil de se traduzir em termos comuns. Um tema por demais grandioso para ser fielmente abordado em um único livro. A magnitude do assunto vai muito além de toda e qualquer definição. Porém, se ainda assim, houver a necessidade de expressar o que é o perdão em uma única palavra, não haveria outra opção senão AMOR. De uma maneira bem ampla, podemos arriscar na afirmação de que o sustentáculo do perdão é o amor.

Capítulo 5

Perdão Não Significa...

Desde o início deste livro, venho procurando pontuar a importância de se conceder um perdão maduro, fruto de um projeto interno elaborado com extrema atenção, sinceridade e sensibilidade. Conforme já afirmado por diversas vezes, acredito que é de fundamental importância nos desfazermos dos conceitos errôneos que ou nos impedem a vivência do perdão, ou nos impulsionam a um pseudoperdão que, com o passar do tempo, nos expõe a outras dores.

Perdão não significa...

... incompatibilidade com a justiça!
Este aspecto do perdão constitui-se tema central de infindáveis dúvidas e debates. E esses questionamentos a que me refiro, não são somente os televisionados, mas principalmente os que ocorrem interiormente.
Pode-se sim, perfeitamente perdoar ao mesmo tempo em que exige-se justiça ou reparação, e não há qualquer incoerência em uma atitude como esta. A enorme diferença é que esta

'exigência' não se trata de *'olho por olho, dente por dente'*, pois se dá desacompanhada de sentimentos de ódio ou vingança.

Imaginemos um caso onde os relacionamentos estão extremamente conturbados; notamos muitas vezes que um dos lados, geralmente o que se sente mais prejudicado, move-se no anseio de vingança, com o intuito de tumultuar ainda mais o cotidiano da outra parte envolvida. É delicado movimentar-se em um terreno assim, pois se você *'deixar prá lá'*, a outra parte pode traduzir esse ato seu como sendo fraqueza ou medo, então ele avança mais um pouquinho, e mais um pouquinho...; a opção pelo diálogo já esgotou-se, visto sua boa vontade de por inúmeras ocasiões ter procurado o outro lado, investido minutos ou horas em uma conversa que você julgou esclarecedora e definitiva, mas passados dias, o contra-ataque é retomado.

Na Bíblia Sagrada, em *Provérbios de Salomão*, no versículo 19 do capítulo 19, encontramos: **"Homem de grande ira tem de sofrer o dano; porque, se tu o livrares, virás ainda a fazê-lo de novo."** Sabemos que o plantio é facultativo, mas a colheita obrigatória, portanto podemos observar que o *'dano'* citado não se refere à vingança, mas claramente as consequências geradas por sua própria ação.

Parece existir uma porcentagem de pessoas que não compreendem outra linguagem senão a judicial. Quantos indivíduos, julgando-se plenos de razão acabam cegados no afã de que essa suposta razão prevaleça, e assemelhando-se a verdadeiros tratores desgovernados fazem e acontecem, e no fim só tiram o pé do acelerador do ódio quando interpelados judicialmente? Existem circunstâncias em que não nos resta outra alternativa senão mover um processo civil ou criminal. E repito, não há incoerência nessa atitude, desde que o sentimento de ódio ou de retribuir a vingança não estejam por trás da ação. É diferente procurar seu advogado e dizer-lhe *'vou abrir um processo contra fulano, pois ele vai ver com quem mexeu... vou acabar com a vida dele.. ele me paga... ele vai se arrepender...'* e afirmar *'vou abrir um processo contra fulano, pois já tentei de todas as maneiras cessar essa discórdia.'* Nessa última afirmação, inexiste o sentimento de ódio, mas é ressaltado o desejo de justiça, bem como poder retomar a vida cotidiana sem sustos.

Por isso diz-se que, o amor muitas vezes precisa assumir ares de severidade, para que o outro tenha a oportunidade de refletir sobre suas ações e erros, e também acerca de suas *(in)*consequências.

Para A processar B, não é necessário a existência de ódio! Nem todos os processos são movidos por vingança; mas pelo desejo de ver valer os seus direitos, ou seja, justiça. A justiça existe para ser cumprida, as leis existem para nos proteger e assegurar os nossos direitos. Para que o perdão seja completo e verdadeiro, não significa que obrigatoriamente eu tenha que abrir mão também dos meus direitos. Significa sim, abrir mão do meu *'direito de odiar'*, pois esse sentimento não me auxiliará em nada.

Porém, torna-se consentâneo salientar que, após manifestar o perdão sincero e consciente, nada impede que se abra mão de certos direitos que o assistem, se maduramente assim desejar. Impera o livre arbítrio, exercido de maneira bem consciente.

Em sua costumeira saudação de ano novo, em 2002 o Papa João Paulo II declarou que **"não pode existir paz sem justiça, assim como não existe justiça sem perdão"**. Em suma, estejamos sempre cientes de que perdão não é incompatível com justiça, mas que jamais devemos dar o nome de justiça ao desejo de vingança, afinal, tribunais são locais destinados a resolver *'injustiças'*, e não *'diferenças'*.

Perdão não significa...

... aceitar tudo!

Já nos alertou Maiakovski: *"Amar não é aceitar tudo. Aliás: onde tudo é aceito, desconfio que há falta de amor."*

Infelizmente existem ainda aqueles que, não bastasse pensar, ainda blasonam que perdoar significa aceitar tudo como está para manter a *(falsa)* harmonia ou evitar maiores complicações.

É comum vermos pais não se pronunciarem ante o comportamento inadequado de seus filhos. Embora aquilo os incomode e uma intervenção seja realmente necessária, preferem deixar como está. Alguns assim agem por medo da reação do filho; outros temem que a frágil linha de comunicação entre eles seja rompida; há inclusive os que assumem que não querem se estressar...

Não faz parte do perdão tal postura passiva. Perdoar é se posicionar, sem ódio ou intolerância, promovendo mudanças positivas na vida de todos os envolvidos. Engolir emoções desconfortáveis, além de ser incompatível com o perdão, poderá gerar futuros problemas de saúde.

Perdão não significa...

... anulação de si mesmo.

Existem pessoas que se mostram incapazes de serem fiéis a si próprias, sempre cedendo às expectativas sociais, imposições familiares e vontade alheia no afã de serem *aceitas*. Convertem-se em verdadeiros *'escravos da moral alheia'*, e em uma atitude de eterna condescendência, acreditam estar contribuindo para a *'paz entre os povos'*.

Perdoar significa a anulação do sentimento de ódio dentro de você; significa a anulação da necessidade de representar um papel que não o faz feliz. Significa sinceridade. Caso contrário, eu poderia receber vários cheques sem fundos, pois perdoaria meus devedores setenta vezes sete... Poderia ser caluniado, pois em nome do perdão ficaria calado, embora com a imagem respingada... Não! Em absoluto; não significa isso. Mas justamente por acharem que perdoar implica em adotar atitudes como essas de uma vida resignada, de aceitação total e questionamento zero, oferecendo-se sempre e sempre a outra face, é que a maioria nem sequer arrisca-se a pisar no território do perdão. Para o bem de todos, não é nada disso, pois se assim fosse, o perdão não seria libertador, mas sim esmagador.

Perdão não significa...

... voltar a conviver!

Cristo nos ensinou a amar os inimigos mas não significa que devamos conviver com eles! Não implica na necessidade de conviver com o erro. O próprio Cristo, segundo a Bíblia Sagrada, quando tentado no deserto afirmou categoricamente: *'Afasta-te demônio!'* Em momento algum ele tentou se reconciliar, conviver ou converter o dito *'demônio'*. Você pode perdoar as atitudes de sua mãe, por exemplo, que sempre se dirigiu a você com agressividade e até hoje, em toda a oportunidade de reencontro, lhe oferece ofensas infundadas. Em um processo interno você pode perfeitamente trabalhar o perdão, compreendendo que sua mãe é dessa maneira por questões íntimas dela, que nada têm a ver com você. Mas será que preciso visitá-la todo domingo? Preciso continuar me expondo a tamanho estresse? Sentindo-me culpado(a) por algo que não me pertence? Ou posso estabelecer limites?

Você pode perdoar a falta cometida por um ex-amigo, sem que isso signifique restabelecer a convivência; você pode perdoar um ex-patrão, sem abrir mão de seus direitos trabalhistas; você pode perdoar um ex-empregado, sem que isso signifique readmiti-lo. Conceder perdão a essas pessoas significa libertá-las de sua mente. É a sábia decisão de não mais nutrir sentimentos hostis que contaminam você.

Perdão não significa...

... esquecer!

Em seu livro *Mal-estar da Civilização (1930)*, Freud explica que: **'Na vida mental nada do que uma vez se formou pode perecer – o que tudo é, de alguma maneira, preservado e que em circunstâncias apropriadas (quando por exemplo, a regressão volta suficientemente atrás) pode ser trazido de novo à luz.'**

Em termos bem mais simples, nada pode realmente ser esquecido, embora possa ser momentaneamente esquecido. E para ser relembrado, não é necessário submeter-se a uma sessão de regressão; muitas vezes, tais sentimentos são rememorados e revividos tão intensamente motivados até por uma simples cena de novela.

É comum ouvirmos pessoas, até que bem intencionadas, afirmarem *"Tem que perdoar! Tem que esquecer!"*. Mas nós não podemos nos esquecer da tomada que nos deu choque elétrico um dia. Graças a nossa memória, posso evitar tomar um novo choque elétrico, ao mesmo tempo em que a experiência do choque elétrico não me faz sair por aí, lacrando todas as tomadas que encontrar pela frente. O verdadeiro perdão significa superar tais experiências que jamais poderão ser completamente esquecidas. Não podemos esquecer, mas podemos superar e nos libertar de tais experiências e influências limitadoras. Talvez a afirmação mais correta não seja *"tem que esquecer!"*, mas sim *"Procure não ficar lembrando"*.

Considerações finais

Para finalizar este capítulo, um bom exemplo a ser utilizado encontra-se no Novo Testamento, em *Ato dos Apóstolos*, dos versículos 19 ao 40 do capítulo 16, abaixo transcrito:

"Ora, vendo seus senhores que a esperança do seu lucro havia desaparecido, prenderam a Paulo e Silas, e os arrastaram para uma praça à presença dos magistrados. E, apresentando-os aos magistrados, disseram: *Estes homens, sendo judeus, estão perturbando muito a nossa cidade, e pregam costumes que não nos é lícito receber nem praticar, sendo nós romanos.* A multidão levantou-se a uma contra eles, e os magistrados, rasgando-lhes os vestidos, mandaram açoitá-los com varas. E, havendo-lhes dado muitos açoites, os lançaram na prisão, mandando ao carcereiro que os guardasse com segurança. Ele, tendo recebido tal ordem, os lançou na prisão interior e lhes segurou os pés no tronco. (...) Quando amanheceu, os magistrados mandaram quadrilheiros a dizer: *Soltai aqueles homens.* E o carcereiro transmitiu a Paulo estas palavras, dizendo: *Os magistrados mandaram que fosseis soltos; agora, pois, saí e ide em paz.* Mas Paulo respondeu-lhes: *Açoitaram-nos publicamente sem sermos condenados, sendo cidadãos romanos, e nos lançaram na prisão, e agora encobertamente nos lançam fora? De modo nenhum será assim; mas venham eles mesmos e nos tirem.* E os quadrilheiros foram dizer aos magistrados estas palavras, e estes temeram quando ouviram que eles eram romanos; vieram, pediram-lhes desculpas e, tirando-os para fora, rogavam que se retirassem da cidade."

Identificamos nessa narração acerca da surra e prisão injusta de Paulo e Silas, que mesmo após receberem ordem de soltura ao amanhecer, alegaram ao carcereiro terem sido tratados injustamente, portanto exigiam retratação por parte das autoridades, e dali não se retiraram até que as devidas desculpas fossem apresentadas. Sim, justamente ele que pregava a paz, a tolerância, o amor, o perdão, a compreensão...

É necessário identificarmos a *(enorme)* diferença entre ser **bonzinho** e ser **justo**, pois nessa diferença reside a verdadeira reconciliação, fruto do discernimento que lhe permite agir de maneira sábia.

Capítulo 6

Perdão e Cura de Doenças

Platão declarou que *"O maior erro no tratamento das doenças é haver médicos para o corpo e outros para a alma, quando acontece que ambas as coisas não podem ser separadas"*.

Como terapeuta, e há mais de vinte anos lidando com questões anímicas, posso me considerar testemunha do quanto o curso da saúde *(ou da doença)* é afetado pelas emoções. Nos dias de hoje, graças aos estudiosos que não se contentam apenas com a visão mecanicista e reducionista do funcionamento do homem, é vasta a literatura respeitável que se dedica a esclarecer como e porque nosso corpo reage àquilo que pensamos, sentimos ou reprimimos.

Quando se diz que o corpo responde à mente, parece algo absurdo. Porém, não há necessidade de ser um grande estudioso para atestar tal assunto; basta um pouco de atenção e você perceberá já ter experienciado tais disfunções físicas desencadeadas por causas emocionais. Tomemos como exemplo, a clássica *'dor de barriga'* vivenciada após um susto ou notícia desagradável. Não existe nenhuma causa física, mas o intestino *'desanda'*, devido ao desequilíbrio das energias internas.

Por isso, os pensamentos e sentimentos negativos que abrigamos em nosso interior acabam se manifestando em forma de sintomas e doenças. Em geral, a doença é resultante de uma fratura emocional e de nossa dificuldade em liberar as questões relacionadas a tais sentimentos de raiva, mágoa, culpa ou vergonha, os quais ficam profundamente guardados dentro de nosso corpo, tornando-o disfuncional.

A verdadeira natureza da saúde

Antes de falarmos em *'cura de doenças'*, precisamos compreender o que significa ser saudável, ou seja, a verdadeira natureza da saúde. Saúde não é simplesmente ausência de doença. Saúde é a nossa essência, a verdadeira significância do termo *'criados a imagem e semelhança do Pai'*. Vivemos a saúde quando há um completo envolvimento e uma incondicional entrega em todos os aspectos de nossa vida. Implica em uma salutífera conscientização de não permitirmos que a normalidade roube de nós o encantamento e a capacidade essencial de nos emocionarmos com as mínimas coisas que completam o nosso viver diário. Significa estarmos aptos a embalar o milagre da vida em nossos braços, sempre abertos para receber o novo.

Isso podemos aprender *(ou relembrar)* com grandes mestres que existem bem próximos de nós: **as crianças!** Basta observá-las brincando, sozinhas ou em grupo, para percebermos o quanto elas são naturais, curiosas e receptivas. Enquanto a brisa toca nosso rosto, despertando-nos a preocupação de que *'minha pele ficará ressecada'*, a criança sente e vivencia a brisa de uma forma toda especial; fecha os olhinhos e simplesmente recebe aquele *'soprinho de Deus'*... E a fase dos *'porquês'*? Um lindo período que revela o crescente interesse pela vida. Mexe aqui, bagunça ali, tenta uma vez, não consegue, muda de brincadeira, grita de alegria, pula, corre, sorri e quando bate o cansaço, após ter vivido intensamente mais um dia tão especial, simplesmente adormece despreocupadamente nos braços do pai...

E você? Há quanto tempo não solta um grito de alegria? Quando foi a última vez que sorriu de verdade? E após um dia de trabalho ou estudo, consegue adormecer despreocupadamente *'nos braços do Pai'*?

Saúde é expressão de uma vida interior rica, pautada na fé, no amor, na caridade, na aceitação, na responsabilidade... é deixar de sentir-se desamparado, não cultivar o ódio, erradicar o egoísmo; é deixar de camuflar os acontecimentos que nos rodeiam, rejeitar sempre o papel de vítima. É se esforçar para que o belo jamais morra em nosso interior, sufocado pela dureza dos acontecimentos à nossa volta.

A sabedoria popular diz que *'se a vida me dá um limão, faço logo uma limonada'*. Mas não nos esqueçamos que ninguém bebe limonada pura; é preciso adicionar açúcar. E essa *'doçura' (amor)* só existe em nosso interior. Quando sofremos um abalo emocional e diante de nossa incapacidade de lidar com ele, essa *'doçura'* começa a ser perdida. A falta dela é um perigoso aviso de que a doença pode estar rondando.

O processo de cura

Também é necessário esclarecer o que vem a ser *'cura'*. Segundo dicionários, em termos bem simplistas significa *'recobrar a saúde'*. Sem dúvida, uma resposta bem pobre perante tudo que ela representa.

A verdadeira cura, em seu sentido mais amplo, engloba corpo, mente, alma e espírito. Somente partindo dessa visão é que poderemos avançar para a compreensão do processo de cura do ser humano como um todo, e não apenas parte dele.

A cura é o resultado da participação da própria pessoa no processo de cura. É necessário deixar de considerar-se um simples invólucro carnal onde são depositados medicamentos no afã de se reduzir o desconforto físico gerado pela dor. O processo de cura é um convite a nos tornarmos mais que um simples corpo onde se pode adicionar saúde ou doença, ou onde ambas estejam em um decisivo duelo. É preciso deixar de buscar a cura através da pílula dourada ou da oração poderosa de tal pessoa, pois esse ato traduz a atitude mental de que *'alguém fará por mim'*, o que contraria o legítimo processo de cura, que se constitui em uma verdadeira intimação a nos tornarmos os promotores de nossa própria saúde.

Visão limitada do Ser Humano

Um alerta foi expresso com muita propriedade pelo filósofo francês Voltaire (1694-1778): **"Os médicos são homens que prescrevem medicamentos que pouco chegam a conhecer, para curar doenças que ainda conhecem menos, em seres humanos dos quais nada conhecem"**. O tempo passou, e hoje se pode dizer que embora os médicos saibam mais sobre medicamentos e as doenças, são poucos os que *'descobriram'* o ser humano em sua totalidade.

O pensamento acima não pretende desmerecer os que exercem o apostolado da medicina, mas convidá-los a uma visão mais ampla acerca do ser humano. Tal afirmação vai de encontro aos princípios da medicina homeopática, desenvolvida pelo médico alemão *Dr. Samuel Hahnemann* há mais de dois séculos, que analisando condições emocionais e mentais juntamente com as queixas físicas, enfatiza o tratamento do ser humano, e não o da doença.

Os avanços da ciência são, sem dúvida alguma, muito significativos. Um bom exemplo é a conclusão do *Projeto Genoma Humano*, ou seja, o mapeamento genético do ser humano. É certamente uma grande conquista. Mas, mapeou-se ali o corpo do homem, que não é o homem em si. Tomando emprestada uma alegoria muito difundida, isso equivale a tentar compreender as imagens da televisão apenas estudando e analisando minuciosa e atentamente as partes que compõem o aparelho de TV, ignorando *(ou recusando-se a reconhecer)* a existência do campo de energia eletromagnética que conduz o sinal transmitido.

Os campos energéticos do ser humano

Esse contexto nos conduz à compreensão de que as anomalias físicas ou psíquicas são gritos da alma que está sofrendo. Nós nascemos para funcionar harmonicamente, de modo que as energias fluam livremente pelo corpo, trazendo-nos a sensação de bem-estar e segurança. Por diversas influências, entre as quais, agitação do dia a dia, respiração errônea, alimentação desbalanceada, sono desregulado e perturbado, emoções reprimidas ou mal resolvidas, acabam tornando disfuncionais as energias que garantem equilíbrio e saúde. Também pode ocorrer uma descompensação ainda maior, ocasionada pelo bloqueio completo de energias, que sintomaticamente podem se manifestar num primeiro momento como simples alterações do humor e, mais tarde, como uma doença física concreta.

'Órgãos de choque'

Dificuldade de relacionamento com as demais pessoas de um grupo *(família, trabalho, etc.)* ou uma raiva profunda em relação a alguém *(ou a si mesmo)* pode fazer surgir um problema dermatológico denominado *eczema*, palavra que vem do grego **ekzema**, que significa efervescência *(das emoções à flor da pele?)*. A pele é o maior órgão do corpo humano, e é através dela que nos relacionamos com o mundo externo. Portanto, qualquer problema de relacionamento poderá ser somatizado em doenças que afetam a pele, por exemplo. Ao se identificar e trabalhar tais emoções internas *'fervilhantes'*, é comum haver melhora ou cura.

'A atitude soez de minha ex-sogra me **embrulha o estômago.**'

'Meu patrão me dá **cólicas.**'

Não 'engolir' determinados fatos ou pessoas podem contribuir para a ocorrência de problemas no *aparelho digestivo*. Não querer ouvir, não querer falar ou enxergar são decisões emocionais que poderão afetar os órgãos correspondentes, os chamados *'órgãos de choque'*. *'Estou* **cego** *de raiva'*; *'Meu pai tem um* **coração** *de pedra'*; *'Prefiro* **morrer** *a perdoar fulano'*.

Mesmo passando por situações idênticas, as respostas são sempre muito particulares, variam de pessoa para pessoa. Existem as **Personalidades Tipo A** e **Tipo B**. As do *Tipo B* são bem mais tranquilas e ponderadas, sempre conseguindo adequar-se às mais diversas situações. Já as que se enquadram como sendo *Tipo A*, são explosivas, sempre tensas, hostis e raivosas, e possuem uma incrível capacidade de somatizar sua tensão emocional, ou seja, adoecem muito mais facilmente que as *Tipo B*.

No século II, o médico grego Galeno já afirmava que as pessoas melancólicas eram mais suscetíveis ao câncer. Sir William Osler, médico canadense do final do século XIX, declarou que **"É melhor conhecer o paciente que tem a doença do que a doença que o paciente tem"**. E foi a partir dos anos 80, com o surgimento da *psiconeuroimunologia* (PNI), que a ciência médica começou a investigar com mais propriedade a conexão mente-corpo. A *psiconeuroimunologia* estuda a capacidade da mente de utilizar-se do sistema nervoso para alterar a fisiologia do sistema imunológico humano, que é o grande responsável pela resistência a doenças.

Investigando e eliminando as verdadeiras causas da doença

Não são raros os casos em que uma pessoa faz uma cirurgia para retirada de um tumor no estômago, por exemplo, e passado algum tempo, surge outro tumor nos pulmões; após submeter-se a uma cirurgia para remoção do tumor maligno nos pulmões, surge um novo no intestino... Bastaria de nossa parte simplesmente classificarmos tal pessoa como sendo ou *'pré-disposta'* ao câncer ou muito *'azarada'*?

Sendo a doença apenas o **efeito**, enquanto a verdadeira **causa** não for identificada e eliminada, será difícil que ela desapareça, ou como vimos acima, poderá desaparecer momentaneamente, vindo a surgir oportunamente em novo lugar, ou até no mesmo local. Essa é uma das razões pela qual incentivamos nossos clientes a rememorar certos fatos, por mais desagradáveis que possam parecer. Não se trata, em absoluto, de uma *'tortura terapêutica'*, mas uma forma de se identificar conflitos e emoções reprimidas ou despercebidas, que podem contribuir para o curso da doença, ou mesmo ser a verdadeira causa da doença. Acontecimentos mal resolvidos do passado sempre afetam o equilíbrio físico e emocional do presente.

Sentimento de culpa

Determinada vez, após proferir uma palestra num evento só para moças, logo no primeiro intervalo fui chamado para atender uma participante de 21 anos de idade, que estava em um choro convulsivo. Subindo as escadas, pedi para que ela me acompanhasse. Quando cheguei ao final da escada e olhei para trás, foi que pude perceber que ela subia um degrau de cada vez, mal conseguindo movimentar as pernas. Ao entrarmos na sala, sentamo-nos frente a frente e ela começou a queixar-se do seu problema nas pernas. Segundo ela, já havia feito todos os exames necessários, portanto não havia causa física. Para mim já estava claro o problema, porque a palestra que eu tinha acabado de proferir era justamente sobre *'sexo'*. Comecei a fazer-lhe uma série de perguntas inocentes e aparentemente desconexas, pois o assunto era bem delicado. Indaguei-lhe sobre quando se iniciou o problema, e ela me respondeu que fora aos 17 anos. *'E com 17 anos, aconteceu algo marcante, que talvez tenha lhe traumatizado?'* Com os olhos brilhando e com um discreto riso nervoso disse: *'Ah! Eu não me lembro...'*. *'Tente lembrar'*, eu lhe disse. *'Ah! Acho que não consigo'*. Então lhe perguntei se nessa época estava namorando. A resposta foi sim. Perguntei-lhe se era seu primeiro namorado. A resposta foi afirmativa. Perguntei-lhe se aconteceu *'algo'* diferente... e a resposta também foi sim. Seguindo essa linha investigativa, chegamos ao ponto exato onde o problema nas pernas começou a se manifestar: exatamente dois meses após sua primeira relação sexual. Sua dificuldade em mover as pernas manifestou-se única e exclusivamente devido à sua incapacidade de se libertar do sentimento de culpa que a invadiu após o prazer. Após uma longa conversa, já bem mais aliviada pelo fardo compartilhado, desceu as escadas sem grandes dificuldades. Milagre? Não, **'São-te perdoados os teus pecados'**.

Técnicas em si não bastam

Conta-se o caso real de um psiquiatra que atendia a uma criança autista. Por muito tempo ele vinha tentando se comunicar com a criança, mas ela permanecia absorta em seu próprio mundo. Sentindo-se um tanto frustrado, um dia durante a consulta, cedeu ao instinto e atirou um lápis ao chão, e com a voz bem firme disse à criança: *"Agora pegue o lápis e devolva para mim"*. E a criança fez o que ele pediu, contribuindo para que se estabelecesse um canal de consciência entre ambos.

Passado algum tempo, por ocasião de um Congresso ou Conferência, esse psiquiatra compartilhou a sua experiência com um grupo de colegas. O que você acha que aconteceu? No outro dia, estava cheio de psiquiatras atirando lápis ao chão frente a crianças autistas, esperando que elas os pegassem. Evidentemente, o que seria conhecido como a *"técnica do lápis"*, falhou.

O mesmo acontece quando se trata do perdão. É cada vez mais reconhecida a estreita relação entre o perdão e a cura de doenças. Ocorre que, determinadas pessoas que se encontravam gravemente enfermas, após terem procurado ajuda psicológica ou religiosa, receberam a orientação de que seu estado de saúde estava relacionado ao pesado sentimento de ódio existente em seu interior, portanto o melhor seria refletir e buscar perdoar as pessoas ou a situação ressentida, pois as alterações da doença acompanham a alteração do estado emocional. Tais pessoas decidem então mergulhar dentro de si mesmas e se deparam com lembranças dolorosas, sentimentos de ódio em relação a determinados membros da família, fortes sentimentos de autopunição, etc., e em lágrimas, compreendem que tais sentimentos nocivos não necessitam mais permanecer encerrados em si, e que existe a opção de livrar-se de todo esse fardo inútil. Utilizando-se então de orações, novenas e mentalizações, empenham seu coração nesse momento e conseguem enfim perdoar ou pelo menos iniciar um processo sincero de perdão. Tais pessoas, exultantes em espírito, relatam sua experiência, seja para uma amiga ou para uma plateia, que imediatamente cria a tabela **Oração de Perdão = Cura**. O que você acha que acontecerá? Muitas pessoas ao encontrarem-se doentes recorrerão imediatamente à prática milagrosa, ou seja, num raciocínio simplista concluem que *'tal oração ou mentalização, nesta ou naquela posição, quando o sol estiver em tal ponto, coloco tal música, acendo um incenso específico e logo estarei curado...'*

Não são orações ou rituais em si que nos proporcionarão a cura, mas sim as transformações interiores motivadas por tais orações e reflexões. O objetivo de uma mentalização, novena ou oração de perdão é perdoar, e a cura será consequência do perdão. Em vez de simplesmente mensurar os benefícios do perdão na saúde física, deve-se olhar para os ganhos anímicos, que muitas vezes passam despercebidos, mas são os que realmente contam.

Vivenciar a plenitude da vida

Quando nos descuidamos de nossa mente *(e coração)* e permitimos a invasão de sentimentos negativos que no roubam a quietude interior e passamos a levar uma vida que não se coaduna com o verdadeiro amor, a doença pode surgir, convidando-nos a uma profunda reflexão, conversão, e decisão em voltarmos a fluir com a vida, e não contra a vida. Quanto mais cedo atentarmos para esse convite e respondermos positivamente a ele, menos dores *(físicas ou emocionais)* serão sentidas.

Porém, devemos ser maduros o suficiente para sabermos que, embora sejam inúmeros os relatos de cura, nem sempre ela se manifesta também no corpo físico. Existem os que obtêm a cura física, mas continuam com a alma doente, árida, proferindo palavras cortantes, presos a relacionamentos abusivos, sofrendo de amargura tóxica. E há os que conquistam a cura da alma, mas não do corpo, e mesmo assim são capazes de rever e examinar seu histórico de vida a partir de uma perspectiva mais elevada, imprimindo-lhe um novo sentido, compartilhando toda sua alegria e força interior de coração aberto, através de ações positivas e otimistas em relação ao mundo. Donos de uma consciência unitiva, propagam a fé profunda e durável, encontrando entusiasmo para realizar o amor. Tais pessoas irradiam amor, perdão, harmonia, alegria e verdade, sendo capazes de nos ensinar muito através de sua simples presença, mesmo sem pronunciarem uma única e monossilábica palavra. Esses estão realmente curados!

Capítulo 7

Etapas do Perdão

Alguns livros sobre este assunto tratam-no de uma maneira um tanto simplista, de que eu particularmente discordo. Uns, colocam o perdão como a coisa mais fácil do mundo: *só não perdoa quem não quer!* Outros ainda, numa linguagem estritamente religiosa, colocam-no como uma ordem de Deus: *perdoando estaremos sendo obedientes; não perdoando, além de desobedientes ainda estaremos ofendendo-O*. Se o perdão for interpretado dessa maneira reducionista, ele se torna apenas uma atitude de *'obediência'* a Deus e suas leis, o que não significa necessariamente que através dessa obediência a lição tenha sido recolhida. Creio que o caminho não seja bem por aí... Caso contrário, ou perdoamos *(superficialmente)* porque Deus mandou, ou se eu não conseguir perdoar, desenvolverei uma autopunição como fruto de tal desobediência; ou ainda, já que o perdão é algo tão fácil de ser concedido, partimos logo para um *'perdão automático'*, o que é mais perigoso ainda. Independentemente da postura a ser adotada, certo desconforto poderá ser sentido após a leitura de tais textos.

Proponho neste capítulo, estudarmos juntos alguns passos em direção ao perdão. Sem partida não existirá chegada, e não é com um único passo que chegaremos ao nosso destino, mas pela sequência continuada e ordenada dos passos. Pode ter certeza: não são passos simples, mas saiba que são possíveis quando você quer. Portanto, não perca a coragem!

Identificar seus sentimentos

Um homem voltava do trabalho, quando se deparou com uma pessoa próxima a um poste de iluminação pública andando em círculos, olhando para o chão a procura de algo. Aproximou-se e perguntou:
- Boa noite! Está precisando de ajuda?
- Sim! – respondeu-lhe – Perdi a moeda com que ia comprar leite para o meu filho.

Imediatamente pôs-se a auxiliar na procura. Porém, passados alguns minutos e nada, decidiu perguntar:
- Tem certeza que foi aqui que você a perdeu?
- Não, na verdade eu a perdi ali do outro lado da rua, onde está escuro, mas aqui é mais fácil procurar.

Essa eu creio que dispensa qualquer comentário!
Existem pessoas que não entram em contato com suas emoções fervilhantes. Preferem sorrir fingindo que está tudo bem, pois consideram inadequado sentir raiva. Talvez porque assim foram ensinadas. Tente se lembrar de quando era pequeno, qual era a atitude de seus pais quando você expressava emoções de raiva ou desagrado? Você encontrava espaço para se expressar ou era repreendido? O primeiro passo em direção à felicidade é ser sempre sincero consigo mesmo!

Sentir raiva é natural, pois é uma emoção espontânea; com a mesma intensidade que ela vem, se não nos apegarmos a ela, logo se desfaz. Sentir ódio não é natural, pois é uma emoção cultivada. Ódio é a raiva que não vai embora. Sendo a raiva uma resposta humana normal ante determinadas situações, ela pode se manifestar de duas formas totalmente opostas: **interiorizada** ou **exteriorizada**. Ao sentirmos raiva, podemos agir como um vulcão *(explode fogo para todos os lados)* xingando, gritando, ameaçando, avançando, fazendo gestos intimidadores, agredindo, puxando cabelo... ou podemos agir como um iceberg *(dá uma gelada legal)* simplesmente recuando, e através da indiferença deixando claro não existir mais confiança, ou seja, desprezo total! Foi um desses que afundou o *Titanic!*

Por isso, sempre que se sentir prejudicado, procure expor os seus sentimentos; descreva como se sente. Analisemos o caso abaixo:

> Na mesa do café da manhã, atrasado para o trabalho, sorrindo, o marido olha para a esposa e vai logo dizendo:
> - *Querida, desculpe-me, mas ontem eu decidi comprar um som novo para o nosso carro e acabei sacando mais da metade do dinheiro que tínhamos na poupança. Por você tudo bem?*
> - *Tudo bem... afinal você gosta mesmo de ouvir música enquanto dirige...*
> Sorriem um para o outro, despedem-se e ele sai. Passados alguns minutinhos, ela começa a chorar.

Parece-nos que, em primeiro lugar ele escolheu *(propositadamente)* uma hora imprópria para aquele comunicado, pois caso ela não concordasse, ele estaria muito atrasado para iniciar qualquer discussão sobre o assunto; em segundo lugar, ele já iniciou a conversa, desculpando-se e encerrou-a solicitando que ela concordasse com a situação. Finalizando, ela *'concordou'* e até justificou a atitude dele. Mas, se concordou, por que caiu no choro? O sim mentiroso traz muitas doenças e infelicidades!

Se tivesse usado de sinceridade com seus sentimentos, sua resposta emocionalmente madura deveria ser:

> *- Agora não há tempo para discutirmos sobre esse assunto, pois você está de saída para o trabalho. Mas posso lhe adiantar que por mim não está tudo bem, já que tínhamos aquela poupança bancária em conjunto para tais e tais finalidades. Na verdade, estou me sentindo desconfortável, pois você fez algo sem me consultar. Porém, já que está comprado, não dá para voltar atrás. Depois falaremos sobre isso.*

Após se expressar dessa maneira, dificilmente a pessoa cairia no choro, pois educadamente, falou com sinceridade, sem a tentativa de negar ou abafar a raiva ou frustração sentida naquele instante. Também não é porque o marido iniciou a frase pedindo desculpas que ele tem a garantia de recebê-las *(naquele momento)*. Podemos até desculpar, assim como após desculpar, podemos repreender o ato praticado. A pessoa quando adequadamente repreendida, não guarda mágoas, pois sabe que a amamos profundamente. Por acreditarmos e confiarmos em seu potencial é que tal repreensão foi feita no intuito de restabelecer a harmonia.

Ser emocionalmente equilibrado não significa que você deva se calar quando deve falar, mas faz com que você se cale quando não deve falar. Porém, lembre-se de que mesmo as mais duras verdades podem ser ditas de maneira polida e amorosa, poupando a todos de estresses desnecessários. Thomas Hardy afirmou que **"Se Galileu tivesse dito em versos que o mundo se move, a Inquisição o teria deixado em paz"**.

Porém, na grande maioria dos lares, aos prantos a resposta da esposa seria mais ou menos assim:

> *Ah! mas você não tem jeito mesmo! É sempre assim. Você sempre faz isso! Por isso é que eu não posso nunca confiar em você. Olha o marido da vizinha. Homem de família, bom, correto, pede a opinião dela para tudo. Já você, sempre às escondidas. E agora? Fazer o que, né! Tem que aceitar...*

Parece-lhe um tanto familiar esse diálogo?

No caso anterior, a esposa descontrolada já inicia a frase recriminando o marido, e não o ato do marido; também evoca seus erros do passado ao afirmar *'É sempre assim! Você sempre faz isso!'*. O erro fica intolerável quando então o compara com o marido da vizinha, tecendo-lhe mil e um elogios. Resumindo, o objeto em discussão era o som comprado sem o consentimento dela, mas evocaram-se cobras e lagartos desde o início do casamento, e a situação não ficou resolvida.

Tendo maturidade emocional, jamais tenha receio de identificar seus sentimentos e expressá-los de maneira polida, sem a necessidade de agressões verbais ou físicas. Muitos de nós nem sequer fazemos ideia de quanta amargura carregamos em nosso interior magoado. Fingir que eles não existem nunca é a melhor opção.

Ver o outro lado

Certo dia uma moça estava à espera de seu voo na sala de embarque de um aeroporto.

Como ela deveria esperar por algumas horas resolveu comprar um livro para matar o tempo.

Também comprou um pacote de biscoitos. Então achou uma poltrona numa parte reservada do aeroporto onde pudesse descansar e ler em paz.

Ao lado dela sentou-se um homem. Ela permaneceu em sua leitura. Quando ela pegou o primeiro biscoito, o homem também pegou um. Sentiu-se indignada, e pensou: *"Mas que cara de pau! Se eu não estivesse tão exausta, seria capaz de lhe dar um soco no olho por tamanha ousadia."*

A cada biscoito que ela pegava, ele também pegava um. Aquilo a deixava em um conflito mental tão grande que nem sequer conseguia reagir.

Restava apenas um biscoito e ela pensou: *"O que será que o abusado vai fazer agora?"*

Então o homem dividiu o biscoito ao meio, deixando a outra metade para ela.

Furiosa e bufando de raiva, resmungando algumas palavras, pegou seu livro e suas coisas dirigindo-se para o embarque.

Quando se sentou confortavelmente em sua poltrona, dentro do avião, abriu sua bolsa e, para surpresa viu que seu pacote de biscoitos ainda estava intacto. Muito envergonhada, percebeu que quem estava errada era ela e já não havia mais meios de pedir desculpas.

O homem dividiu seus biscoitos com uma estranha, sem se sentir indignado, enquanto ela...

Quantas vezes alguém já nos disse algo impensado que acabou ofendendo-nos? Inúmeras, com certeza! Bem como foram inúmeras as vezes em que nós pronunciamos algo impensado que também pode ter machucado outras pessoas. O fato é que a todo momento, quer percebamos ou não, estamos perdoando e sendo perdoados. Isso ocorre quando temos uma clara visão de que, no aspecto humano *'ninguém é perfeito'*. Se tivermos essa clara visão, perceberemos sem medos, que estamos inclusos nessa sentença. Isso ajuda e muito, desde que não se induza ao *'perdão intelectual'*. Sempre afirmei em minhas palestras, que costumamos julgar os outros com aquilo de pior que existe em nosso interior, e nos julgamos com aquilo de melhor que existe em nosso interior. E esse se constitui em um grande problema: Para nossas ações sempre existem justificativas, já para a dos outros...

Deixe de criticar as ervas daninhas no jardim do vizinho e experimente passear pelo seu próprio jardim!

Existe uma alegoria do escritor *Gilberto de Nucci*, em que cada ser humano carrega duas sacolas em seu corpo: uma, na parte da frente, onde guarda todas as virtudes, outra, na parte de trás onde carrega seus defeitos. Segundo a história é como se nesse mundo caminhássemos todos em uma única e enorme fila indiana, onde olhamos fixamente à nossa frente as nossas virtudes e, ao mesmo tempo, impiedosamente nas costas do companheiro que vai à frente, os seus defeitos. Assim nos comparando, julgamo-nos muito melhores, esquecendo-nos de que o companheiro que vem atrás, pensa o mesmo a nosso respeito.

Estar disposto a perdoar

Se você é expert em cálculos matemáticos, resolva o seguinte exercício:

Era uma tarde de verão intenso. O sol brilhava fortemente e a temperatura deveria estar quase atingindo os 42°. Bem no meio da floresta, havia uma lagoa. No meio da lagoa, três (3) sapinhos estavam em cima de uma enorme pedra. Como a temperatura não parava de subir, dois (2) deles resolveram pular na água. Quantos sobraram em cima da pedra?

Se desejar, pode interromper a leitura por uns instantes para rascunhar seus cálculos.

Se você respondeu **um**, sinto muito, mas errou! A resposta exata é **três**! É um cálculo muito simples: dois deles *resolveram* pular na água, mas *não* pularam.

Também em nossa vida, após lermos um livro ou participarmos de uma palestra sobre o assunto, resolvemos perdoar todas as pessoas do mundo, mas semelhante aos sapinhos da história, ficamos só na decisão e não partimos para a ação.

Querer é um fator fundamental que nos impele a agir segundo o nosso desejo. Para alcançarmos o perdão, é de vital importância querermos perdoar, e a partir dessa decisão, partir para a ação, ou seja, quais passos serão necessários para que eu perdoe; o que eu tenho que fazer para perdoar; quais atitudes deverei adotar de agora em diante; qual o significado desse perdão para mim etc., etc., etc. Muitas vezes identificamos o sentimento machucado, compreendemos o outro lado; compreendemos a *'necessidade'* do perdão, concluímos que seremos os maiores beneficiados, mas não conseguimos agir apropriadamente para concedê-lo ou alcançá-lo.

Faça o seguinte exercício: feche os dedos de sua mão direita, bem apertados, como se você fosse esmurrar uma mesa. Aperte ainda mais... com mais força... mais força... sinta seus dedos estralando de tanta pressão... mais força... força... mais força... agora abra a mão!

O que você sentiu?

Quando faço este pequeno exercício em minhas palestras, a resposta do público é uníssona: **Alívio!** Todos descrevem a sensação sentida com a mesma palavra.

Alívio, porque após tanta pressão, liberta-se de algo que o estava incomodando, mesmo que há pouco tempo. No entanto, imagine o quão desgastante é conviver longamente com esse aperto no coração? Na alma? Na fisionomia? Nesse caso, muito mais grandioso será o alívio sentido ao nos livrarmos de tais opressões.

Buscar forças em Deus

Em nosso dia a dia, estamos perdoando e sendo perdoados quase que a todo instante, mesmo que de maneira despercebida. Quando, porém, o golpe sentido é duro demais e parece que o perdão está acima de nossas possibilidades, lembremo-nos que é em Deus que encontramos forças suficientes para renunciarmos ao cardápio maléfico que a mágoa oferece para nutrir o nosso espírito. Com isso, não estou afirmando que só devemos recorrer a Deus nas grandes dificuldades. O que desejo afirmar é que em muitos momentos é necessária uma força muito superior a nossa, pois na condição humana não conseguimos compreender determinados fatos que acontecem conosco ou com nossos entes queridos. Sei que nas palavras de Jesus estão um verdadeiro convite ao abandono do sofrimento: **"Vinde a Mim todos os que estão cansados e sobrecarregados e Eu vos aliviarei."** Enfim, buscar raciocinar pela oração, caminhar pela oração e viver em oração.

Enxergar além das aparências

Assim como você, o outro também foi criado à imagem e semelhança de Deus. A situação se complica quando tentamos resolver a situação, deixando Deus de lado. Enxergar com os olhos de Deus significa enxergar o próximo como Deus o vê!

Suponhamos que um belo dia você decida colocar um prego na parede de sua sala, para pendurar aquele lindo quadro que você trouxe de sua última viagem. Você segura o martelo com a mão direita e o prego com a mão esquerda. Bate uma, duas e na terceira martelada você acerta em cheio um dos dedos da mão esquerda. No momento da dor, em que você chega até a enxergar estrelinhas, você teria coragem de pegar o martelo com a mão esquerda e devolver a martelada na mão direita? *'Tome! Isto é para aprender a não me machucar mais...'. Com certeza, não!* Por quê? Embora pareçam separadas e independentes, ambas as mãos estão ligadas a um único corpo, uma única vida, que sentirá a dor com a mesma intensidade. Talvez ao exercitarmos um pouco mais essa maneira de enxergar além das aparências, conheceremos um pouco mais a essência do próximo, suspendendo julgamentos. É como se sempre buscássemos a intenção positiva por trás de cada fato. Esse é um exercício que realmente funciona.

Romper com o passado

Dois monges peregrinos viajavam por seu país, divulgando os ensinamentos de Cristo. A rota que seguiam era cortada por um rio não muito fundo, com aproximadamente dois metros de largura, porém com uma forte correnteza. Ao chegarem à margem, quando iam atravessar, um dos monges notou que havia uma mulher que também precisava atravessar o rio, mas estava dominada pelo pânico. Ofereceu-se então para carregá-la nas costas até a outra margem. Sem titubear, aceitou de imediato. Em alguns minutos os três estavam em terra firme novamente. Ela agradeceu ao monge e cada qual seguiu seu destino. Os dois monges prosseguiam seu caminho: um deles, o que havia carregado a mulher nas costas, com fisionomia serena, orava; já o outro, visivelmente transtornado, não parava de pensar no "grave erro" cometido por seu companheiro, em ter permitido contato físico com uma mulher. Aquilo era inconcebível! Após caminharem por quinze quilômetros, não aguentando mais o silêncio do companheiro, para e põe-se aos berros:

- *Como você teve coragem?*

- *Coragem do quê?* - responde calmamente o bondoso monge.

- *Você se permitiu ter contato físico com uma pessoa do sexo oposto, carregando aquela mulher em suas costas!*

- *Eu carreguei aquela mulher nas costas por dois metros. No entanto você a está carregando em sua mente por quinze quilômetros...*

Existem pessoas que afirmam categoricamente: **'Eu não perdoo nunca!'**. Pessoas assim passam a vida toda carregando e recolhendo coisas impuras, que nada lhe acrescentam senão dores. Romper com o passado significa livrar-se de todas as lembranças tristes, amargas decepções, inesperados rompimentos e viver concentrando-se no dia a dia. Um dos significados encontrados num dicionário para a palavra **passado** é: *'aquilo que começa a apodrecer'*.

Conforme já conversamos anteriormente, é verdade que existe certa confusão entre romper com o passado e esquecer o passado. Romper significa deixar que ele se vá; libertar-se dele. Nós não podemos mudar o passado, mas podemos lhe dar um sentido enquanto vai sendo liberado. Esquecer o passado é impossível, pois todas as nossas lembranças, mesmo as mais remotas, encontram-se bem gravadas em nosso inconsciente, onde surgindo a condição adequada, involuntariamente tal lembrança virá à tona.

Não podemos simplesmente *'deixar'* fatos ou lembranças desagradáveis em nossa mente, achando que com o tempo serão esquecidos, pois não serão. Precisam ser resolvidos, e não esquecidos.

Romper com o futuro

"Há dois dias na semana sobre os quais eu nunca me preocupo. Dois dias de displicência, mantidos livres do medo e da apreensão. Um desses dias é Ontem – e o outro – é Amanhã." Essa citação, atribuída a *Robert J. Burdette*.

Tão importante quanto romper com o passado é romper também com o futuro, uma vez que muitas de nossas mágoas e decepções surgem de nossas expectativas em relação ao *'amanhã'*.

Uma esposa fica na expectativa de que o marido se lembre do aniversário de casamento, e alimenta essa expectativa a semana toda. Em chegando o dia, ele acorda no horário de sempre, toma banho no horário de sempre, sai para trabalhar no horário de sempre, não lhe telefona o dia inteiro *(como sempre)*, volta para casa no horário de sempre, janta no horário de sempre, toma banho no horário de sempre e... dorme no horário de sempre! *'Que tragédia!'*

Será? Pior seria se ele se *'esquecesse'* de voltar para casa...

Muito melhor do que ficar cultivando as expectativas, seria logo ao acordar, beijar o marido e parabenizá-lo por tão significativa data. Mesmo tendo se esquecido, com certeza ele disfarçaria, diria que você estragou a surpresa que ele estava preparando...

Quando você organiza os seus pensamentos, você se liberta de uma emoção automática de rejeição, agressividade, julgamentos. Isso nos traz liberdade e alívio, pois eu escolho aquilo em que devo acreditar, ao invés de acreditar automaticamente em tudo aquilo que nossa imaginação magoada começará a nos falar naquele instante, ou seja, caiu a poeira já passa a flanelinha, impedindo que a sujeira se acumule. Assim aprendemos a identificar e corrigir os pensamentos instantaneamente.

Viver o amor diariamente

Quem administra com amor governa o mundo.

Ao enxergarmos as pessoas com novos olhos, espontaneamente brotará em nosso interior a capacidade de amar incondicionalmente. Porém, amar de maneira incondicional não implica em ter que voltar a conviver.

Pode ser que nunca mais você volte a ser amigo de quem o magoou, embora possa até existir a tentativa de reatar a convivência; uma das disciplinas do perdão consiste no desapego!

Ensina-nos inclusive a libertar as pessoas para que sigam seus caminhos. Talvez essa amizade tenha se rompido justamente pelas inúmeras exigências que esse relacionamento carregava. Após passar por todas essas etapas, você estará mais maduro do que antes, o que significa que muitos de seus atos se modificaram. Agora você aprendeu a dizer *sim* e *não* com sinceridade e pode ser que esse amigo não aceite essa sua nova postura, então, se preciso for, deixe-o partir.

Liberando as lembranças dolorosas do passado

Gostaria de lhe oferecer agora um exercício que tenho ensinado aos meus amigos e clientes, e que tem contribuído para liberar as lembranças dolorosas do passado. Faça-o quantas vezes julgar necessário, até sentir-se mais leve. Escolha fazê-lo apenas quando tiver tempo, sem correria, em um ambiente bem tranquilo onde tenha a certeza de que não será interrompido *(por pessoas, celulares, etc)*. Escolha também uma música que considere relaxante e que goste muito, e deixe tocar como música de fundo. A música ajuda muito a liberar as emoções. Leia o exercício para entender como fazê-lo de olhos fechados, na parte meditativa. Mas atenção: Só faça este exercício se fizer sentido para você e se ele for de encontro às suas crenças. Caso contrário, simplesmente autorize-se a ir para o capítulo seguinte.

Na primeira parte desta *'assepsia'*, sente-se para escrever uma carta para quem lhe magoou *(uma pessoa por vez)*. Não será uma carta imaginária, mas sim, real. Comece a escrever tudo que lhe vier à cabeça, sem meias palavras. Escreva como se sentiu, como se sente hoje, fale mal, ofenda... Não se preocupe com a ordem cronológica dos fatos ou com a gramática, afinal não se trata de uma redação para um concurso público; o importante é registrar tudo nessa carta. Principalmente a autenticidade de seus sentimentos. Não camufle nada e nem se puna por estar sentindo tais coisas. Lembre-se de que somente **'A Verdade vos libertará'**.

(...)

Nesta segunda parte do exercício, utilizaremos a visualização.

Com a carta escrita em mãos, sente-se de uma maneira que se sinta confortável. Feche seus olhos e inspire por algumas vezes.

Veja-se então num imenso gramado verde. Procure sentir a maciez da relva, a brisa refrescante. Acima de você, um imenso céu azul, sem nenhuma nuvem. Você está envolto numa paisagem de muita paz.

Imagine que você marcou um encontro para entregar esta carta escrita pessoalmente para quem lhe magoou. Enquanto você aguarda essa pessoa chegar, você desfruta desse local em que se encontra agora.

Ao longe vem caminhando alguém em sua direção. Você ainda não consegue identificar quem é. Então você se levanta com a carta em mãos à espera de que essa pessoa se aproxime.

Com alegria e espanto, você percebe que quem está se aproximando é *Jesus*; todo vestido de branco, com um olhar profundamente amoroso e sorrindo, Ele para a sua frente e lhe diz: **'Que a paz esteja convosco!'**

Ele lhe convida para sentarem-se no gramado para que possam conversar. *Jesus* lhe explica que tal pessoa não pode vir ao encontro, por isso Ele estava ali, representando o destinatário daquela carta. Pegando em uma de suas mãos, *Jesus* lhe diz: **'Vinde a mim todos os que estão cansados, e eu vos aliviarei. Deposita em mim todas as suas angústias, mágoas, medos e rancores, e eu vos aliviarei.'**

Neste momento, comece então a dizer a *Jesus* tudo o que você escreveu nessa carta. Diga-lhe o quanto se sentiu humilhado, desrespeitado, dilacerado, devastado. Vá falando tudo que lhe vier à mente... chore... esvazie seu coração...

Vá falando, pois *Jesus*, com muito carinho está lhe ouvindo atentamente. Cada palavra sua têm um significado muito especial para Jesus.

Quando sentir que já disse tudo, olhe então para dentro dos olhos de *Jesus*, e veja quão amoroso e compreensivo Ele é.

Jesus lhe convida para ficar em pé. Então vocês se colocam frente a frente. Segurando em suas duas mãos e olhando em seus olhos, Ele começa a lhe dizer: **'Eu sei o que tudo isso significa para você. Eu também passei por momentos difíceis, mas fui amparado pelo Pai. Por isso, neste momento eu lhe faço um pedido muito especial: Perdoe essa pessoa, pois ela não sabia o que estava fazendo...'**

Que resposta você dará a *Jesus* neste instante?

Lembre-se do quão amoroso e compreensivo Ele é, o que significa que Ele aceitará qualquer resposta de sua parte, desde que seja sincera. Ele não quer que você conceda um *perdão intelectual*, mas sim um *perdão emocional*.

Neste momento, independentemente se sua resposta foi *SIM* ou *NÃO*, *Jesus* lhe dá um forte abraço. Sinta-se, nesse momento, recebendo verdadeiramente este abraço carinhoso e confortador.

Jesus lhe faz então outro pedido: **'Eu ouvi atentamente cada palavra sua, e já sei de tudo o que aconteceu. Por isso, não há mais necessidade de continuar carregando essas lembranças dolorosas do passado. Deixe-as ir para que seu coração sinta a suavidade da pureza. Tam-**

bém não há mais necessidade de entregar essa carta, pois todo o conteúdo dela já me pertence. Rasgue-a então, em mil pedacinhos e deixe que o vento os leve.'

Com a carta em mãos, mas ainda de olhos fechados, comece a rasgar a carta *(rasgue de verdade)* em quantos pedaços forem possíveis. Sinta que seu coração está sendo totalmente purificado através deste ato. A cada pedacinho rasgado, maior a leveza de sua alma.

Então *Jesus* lhe diz: **'Ore comigo: Pai Nosso que estais no céu, Santificado seja o Vosso Nome, Venha a nós o Vosso Reino de Amor e Bondade, seja feita a Vossa vontade, assim na terra como nos céus. O Pão nosso de cada dia dai-nos hoje também. Perdoai as minhas ofensas, assim como eu perdoo** *(pronunciar o nome da pessoa)*, **e não nos deixeis cair em tentação e livrai-nos de todo o mal. Amém'**

Faça novamente a oração, e quando pronunciar o nome da pessoa que está perdoando, comece a soltar lentamente os pedacinhos rasgados da carta. Deixe que caiam no chão e percam o poder de continuar lhe fazendo sofrer. Faça a oração por quantas vezes sentir vontade. Sinta que enquanto ora, uma suave chuva de pétalas cai sobre você e também sobre os pedacinhos da carta, que logo desaparecem encobertos pelas pétalas perfumadas e curativas de todas as flores do universo.

Mais uma vez *Jesus* lhe dá um forte abraço e lhe dizendo: **'Eis que estarei convosco por todos os dias de tua vida!'** transforma-se num feixe de luz dourada e penetra em seu coração, pois somos o *'Verdadeiro Santuário do Espírito Santo de Deus'*.

Abra os olhos, e lembrando-se sempre desse encontro e do seu diálogo com *Jesus*, viva feliz e fortalecido.

Rumo às várias áreas de sua vida

Até aqui procuramos estudar:
- o que o perdão é e o que o perdão não é;
- benefícios causados pelo ato de perdoar;
- buscar conceder ou receber sempre um perdão inteligente, construído com cuidado e não na impulsividade ou obrigatoriedade;
- passos *(não tão simples, nem tão curtos)* em direção ao perdão;
- a fé e o amor como principais combustíveis para se chegar lá.

Passaremos a partir do capítulo seguinte a abordar o perdão nas diversas áreas de sua vida. Sugiro apenas que não tenha muita pressa em avançar a leitura para os capítulos seguintes. A cada sentença lida e antes de virar cada página, tenha a certeza de que a mensagem foi plenamente assimilada por seu emocional, e não somente pelo intelecto, e de que maneira poderá praticá-la desde já. Quando for praticada, então a verdade será nossa! Discipline-se também nesse aspecto. Muito mais válido do que *'devorar'* um livro em uma madrugada, é apreendê-lo no decorrer de dias ou semanas, nas quais você poderá constatar um avanço significativo não somente na quantidade de páginas lidas, mas principalmente no quanto você cresceu espiritualmente, fortaleceu-se interiormente, abriu-se para novas possibilidades de vida, amor e perdão. Então serei muito feliz, pois este livro cumpriu seu objetivo primeiro: sanar as dores da alma.

Capítulo 8

Perdão a Si Mesmo

Imagine nesse momento que você se sente pronto e decidido a perdoar todas as pessoas que considera que lhe fizeram sofrer. Imagine-se então, sentado sozinho em sua sala, enquanto todas essas pessoas se organizam do lado de fora, em fila, para poderem entrar e receberem o seu perdão. Faça isso por alguns instantes. Agora eu desejo que você imagine quem deve ser a primeira pessoa da fila. Pense nela por alguns instantes. Talvez você tenha pensado em seu pai ou sua mãe... em um irmão ou ex-namorado... em um ex-funcionário, em seu filho ou até mesmo em um vizinho... Se você pensou em uma dessas pessoas, peça licença a elas, porque esse lugar da fila não pertence a elas. Esse lugar pertence a você! A primeira pessoa da fila deve ser você mesmo. Nós não podemos fazer muito pelos outros antes de nos encontrarmos e nos reconciliarmos conosco mesmo.

Assim como o perdão às outras pessoas exige honestidade emocional e amor, conceder o perdão a si mesmo exige generosidade de sua parte para consigo mesmo. Às vezes nós somos tão gentis com os outros e tão duros conosco mesmo.

Quanta culpa e vergonha carregamos inconscientemente do passado e, sem perceber, todas essas emoções influenciam o tom emocional de nossas vidas hoje. Há uma grave confusão entre se pensar **"Cometi um erro"** e **"Sou um erro"**.

Pense um pouco: Que experiências eu passei que me impedem de acreditar em mim mesmo? O que deveria acontecer para eu voltar a acreditar em mim? O que deveria acontecer para eu voltar a me amar? O que deveria acontecer para eu voltar a me respeitar? Perdoar a si mesmo constitui-se em um profundo processo de descobrir e curar tudo aquilo de negativo que você aprendeu sobre si mesmo.

Nas experiências vivenciadas em nosso dia a dia, o perdão a si mesmo tem se destacado ao mesmo tempo tão necessário quanto difícil de ser conquistado em sua plenitude. Por vezes somos ricamente generosos para com os outros, e pobremente intransigentes para conosco mesmo. Essa atitude, por si só, demonstra a urgência com que devemos lapidar nossas emoções. Há muito a ser trabalhado em nosso interior, mas sempre isto é relegado a segundo plano, pois em nossa concepção sempre *'existem coisas tão mais importantes a serem resolvidas...'*

Se o leitor pensa desta maneira, acaba de denunciar o quanto tem desprezado a pessoa mais importante do mundo: VOCÊ!

Sempre achei meditável o pensamento **"Nunca ame ninguém mais do que a si próprio"**, cuja autoria desconheço. Esta frase vai de encontro ao que Cristo nos ensinou: **"Ama ao próximo como a ti mesmo"**. Embora tão simples, optamos pela complicação. O segredo está no *'ti mesmo'*. Se eu não me amo, como posso esperar que os outros me amem? E crio um problema ainda maior: se eu não me amo, também não consigo compreender porque o outro me ama.

O fato de *'não se amar'*, por si só já é triste. Não bastasse isso, acaba por atrair uma série de outras tristezas. A pessoa que não se ama está renunciando à sua própria vida, ou seja, ainda que o coração continue batendo, está morta, pois ela continua existindo, mas não vivendo.

É muito importante tentar identificar quando e porque você deixou de se amar.

'Já sujou mesmo...'

Ao adquirirmos uma vestimenta nova, tomamos todos os cuidados no sentido de preservá-la para que permaneça com aspecto bonito. Uma camisa branquinha, ao receber acidentalmente um pingo de molho de tomate, facilmente transforma-se em pijama ou pano-de-chão. E quando compramos um terno novo? Quantos cuidados! Ao chegarmos em casa, depois do trabalho, o tiramos com todo o esmero e o penduramos no cabide. Se duvidar, dentro do plástico da lavanderia. Com o passar do tempo, jogamo-no sobre a cama, depois a esposa o guardará mesmo! Passado mais algum tempo, logo ao entrar na sala atiramo-no ao sofá e caia onde cair, não nos importamos. Quando percebemos, ele já está servindo de *'caminha'* para o cachorro de estimação.

Sem perceber, agimos identicamente em relação à nossa própria vida: por termos cometido um erro ou *'pecado'*, diminuímos a nós mesmos e, descartando-nos, retiramo-nos da vida, atribuindo-nos um valor de centavos quando na verdade valemos milhões.

Ninguém é capaz de viver em uma redoma, tentando proteger-se de cometer qualquer erro que seja. Isso é impossível! E a grande maioria sempre erra tentando acertar. Como encaramos tais *'erros'* é o diferencial que evidenciará se houve ou não aprendizado de nossa parte. Reza um Provérbio Tibetano: **"Não há pecados. Há apenas estágios de desenvolvimento"**.

Do mesmo modo que é impossível levar uma vida isenta de erros, também não me é lícito errar sempre, com o pensamento de que *'se cair posso me levantar'*. Já nos alertou Moisés: **"Não confies tanto no perdão para juntar mais pecados aos pecados"**. Somos todos sábios, não tolos!

Autopunição

Quando o enfoque da palestra é o perdão a si mesmo, existe uma pergunta que sempre faço ao público: *'Quem gostaria de tomar um gole de água do Rio Tietê?'* e imediatamente os risos ecoam em meio às suas fisionomias de nojo e asco. O fato é que, ao elaborar esse convite, tinha em mente a nascente do Rio Tietê, na cidade de Salesópolis, SP, onde o rio nasce puro e cristalino; sua água é potável e em seu curso até a cidade de São Paulo, até peixes existem... mas por terem ficado com a **mente presa** ao trecho da cidade de São Paulo, onde o Rio Tietê exala um terrível odor devido à poluição, perderam a hipotética chance de se refrescar na nascente.

Não agimos de modo diferente, quando vivemos envoltos numa atmosfera constante de autopunição. Se afirmarmos **'Você é maravilhoso!'**, logo lhe vem à mente: **'É que você ainda não me conhece de verdade...'**; se proclamamos **'Você é filho de Deus e merece ser feliz'**, os pecados logo lhe brotam à mente, em forma de negar essa afirmação tão maravilhosa e essencial a nossa vida.

Pode ser que cometemos alguns erros, pequenos ou grandes, mas nós somos mais do que os nossos erros. Lembre-se de que a bondade existe em seu interior. O rio Tietê não é poluído! O Rio Tietê está poluído; é diferente! Se ele fosse poluído e não tivesse salvação, já nasceria poluído desde a fonte, mas não é o que acontece...

Semelhante ao Rio Tietê, nascemos também puros e cristalinos, e no curso de nossa vida, também fomos permitindo que um cano de esgoto aqui e outro ali poluíssem nossa pureza original. E quando ficamos presos aos nossos erros ou pecados, o surgimento da autopunição é inevitável, e como o próprio nome já sugere, as dores serão intensas.

Três passos em busca do reequilíbrio

O ser humano sofre quando se identifica excessivamente com as partes negativas de si mesmo e por não saber como se libertar de tais sentimentos. Gostaria de lhe convidar a pensar em três passos para superar tais sentimentos: **reconhecer o erro**; **arrepender-se de tê-lo praticado** e **renascer**. Mas são necessários os três passos, dados de maneira consecutiva, pois isoladamente nada podem fazer por nós.

O sofrimento surge quando nunca damos o primeiro passo *(reconhecer o erro)*. Bem se expressou o escritor francês Jean de La Fontaine (1621-1695): **"A vergonha de confessar o primeiro erro nos leva a cometer muitos outros"**. Também sofremos quando estacionamos no segundo passo: arrepender-se, mas no sentido de autopunição. Viver a *'martelar'* de modo constante o erro, martirizando-se com o pensamento *'minha culpa, minha máxima culpa'* não contribui em nada para o aprendizado. Essa postura mental é fielmente retratada pela frase do poeta italiano Juvenal (40-125): **"Este é o castigo mais importante do culpado: nunca ser absolvido pelo tribunal de sua própria consciência"**. O terceiro passo *(renascer)* é o mais importante, mas só se chega a ele, passando-se pelos dois primeiros. Maomé (570-632) sentenciou: **"O que se arrepende é como o que não pecou"**. Em termos mais populares, podemos dizer que o terceiro passo equivaleria ao *'levanta; sacode a poeira e dá a volta por cima'*.

O arrependimento *(sincero)* equivale à água mais pura que desce da fonte, concedendo-nos total absolvição. Lembremo-nos que, segundo a Bíblia Sagrada nos narra, o *'ladrão arrependido'* crucificado ao lado de Cristo, foi o primeiro a entrar no *'Paraíso'*. Avesso a qualquer convicção religiosa neste momento, que afirme ou indague a questão sobre *'vida após a morte'*, o que desejo enfocar é a possibilidade de *'vida após o arrependimento'*.

'Maria Madalena'

Um dos trechos bíblicos mais marcantes que aprecio meditar é a história de Maria Madalena. Uma *'meretriz pecadora'* que ao ouvir falar da existência de um homem chamado Jesus, que amava todas as pessoas sem exigir nada em troca, sentiu brotar em seu interior um forte desejo de mudança. E secretamente começou a segui-lo, ouvi-lo e admirá-lo ainda mais. Certo dia, após terminar uma de suas pregações, Jesus passa ao lado de Maria Madalena e lhe diz: **'Segue-me'**. Olhando para ele, lhe responde **'Não posso. Sou prostituta.'** Jesus lhe sorri e antes de sair caminhando lhe afirma: **'Você foi prostituta'**. Havia algum tempo que ela já não praticava a prostituição, mas permanecia com o rótulo de *'prostituta'*. Jesus lhe chamou a atenção para que certos atos já pertenciam ao passado, e ela mesma ainda não havia se dado conta disso. Algum tempo depois, quando Cristo encontrava-se na casa de um fariseu, chamado Simão, desenrola-se a famosa cena em que ela invade a casa e aos prantos, cai aos pés de Jesus. Este, após levantá-la, diz-lhe: **'Mulher, não são poucos os teus pecados, porém são-te perdoados todos eles. Vá e não peques mais.'**

O romancista francês François René Chateaubriand (1768-1848) assim se expressou: **"Para fazer esquecer as nossas faltas aos olhos do mundo, são precisas torrentes de sangue; mas, junto de Deus, basta uma lágrima"**. Justamente o que aconteceu com Maria Madalena. Ela não precisou confessar a Jesus um a um de seus *'pecados'*. Nem sequer utilizou-se de qualquer palavra. Simplesmente manifestou seu arrependimento profundo através daquelas lágrimas sinceras, que lhe proporcionaram um renascimento glorioso!

Quando Jesus foi preso e levado ante a multidão que clamava por Barrabás, somente Maria, mãe de Jesus e Maria Madalena gritavam **'Jesus! Jesus!'** em meio à multidão. Por ocasião da crucificação, Maria Madalena estava aos pés da cruz, chorando e aguardando retirarem o corpo do *'seu Senhor'*. E finalizando esta história, no Domingo pela manhã, quando caminha rumo ao túmulo de Jesus, e voltando assustada por não encontrar seu corpo, vira-se e depara-se com o próprio Mestre ressuscitado, embora não o reconheça de imediato.

Este é um dos pontos narrativos que mais gosto de ressaltar: a primeira pessoa a ver Jesus ressuscitado foi justamente uma *'ex-prostituta'*, ensinando-nos que, uma vez arrependidos e renascidos, estamos completamente absolvidos do passado, que há muito não existe mais.

'Eu nunca vou me perdoar!'

Comumente ouvimos muito essa frase, ou pior ainda, a declaramos muitas vezes. *'Eu nunca vou me perdoar!'* O que isso significa e em que implica? Significa sofrimento e implica em sofrimento. Esse pensamento está claramente associado à ideia de autopunição. De alguma forma terei que sofrer, adoecendo ou empobrecendo. Importa é que terei de sofrer, mesmo que a vida me ofereça muitas bênçãos, com extrema habilidade me desviarei delas e criarei meus próprios sofrimentos.

É de grande valia analisarmos os casos de curas atribuídas a Jesus, narradas no Novo Testamento. Ao deparar-se com um doente, Cristo perguntava: **'Tu queres ser curado?'** Superficialmente analisada, parece uma pergunta totalmente descabida, sem nexo algum: Perguntar a um doente se ele deseja se curar? Isso é um absurdo! Porém, incrivelmente existem muitos doentes que *(no inconsciente)* não querem se curar, por inúmeros motivos. Ao formular tal pergunta, Cristo objetivava lançar o *'doente'* a uma reflexão profunda, e este após atingir o sincero desejo de cura, recebia como sentença final: **'São-te perdoados os teus pecados'**.

Em alguns casos Jesus não disse **'Está curado'**, mas sim **'Está perdoado'**, pois como profundo conhecedor da psique humana, Cristo sabia que todas as doenças são originárias da própria mente, oriundas do desejo de autopunição ou de alguma desarmonia vivida consigo ou com outrem, não sendo portanto castigos divinos, pois se realmente fossem instituídas por Deus, nem mesmo ele, Jesus, teria permissão para curá-las.

'... porque para o meu caso não existe perdão...'

Atendi determinada vez a uma senhora, residente na grande São Paulo, com cerca de quarenta e cinco anos de idade. Ela foi praticamente 'amarrada' para participar da minha **Oficina do Perdão**. Antes de começar a palestra, ela estava lá fora, fumando sem parar, chorando e dizendo o tempo todo que queria morrer, que tinha que morrer, que precisava morrer.

Sua filha, que a estava acompanhando, começou a entrar em desespero e solicitou que após a palestra eu atendesse sua mãe. E assim aconteceu. Terminado o evento, após abraços, risos, lágrimas e muitas fotos, fui atender aquela senhora. Quando entrei na sala, ela já se encontrava sentada em frente à mesa. Cumprimentei-a e, após sentar-me à sua frente, perguntei-lhe como poderia ajudá-la?

De cabeça baixa, não me respondeu nada. Então repeti a pergunta e novamente não obtive qualquer reação. Seus pensamentos estavam tão longe que era como se não estivesse ali. Comecei a observá-la com detalhes: seu olhar era opaco e distante, encoberto por fortes olheiras; os movimentos de suas mãos eram tão vagarosos que parecia estar sob o efeito de forte medicação; uma abulia total. Após mais um tempo em silêncio, firmei o tom de voz e chamando-a pelo nome, repeti a pergunta. Foi então que ela levantou a cabeça, e embora olhasse para minha direção, era como se não me enxergasse. Com uma voz muito fraca respondeu-me:

- *Ninguém pode me ajudar, porque eu não mereço ajuda! Eu mereço morrer... Mas não pode ser uma morte rápida, tem que ser uma morte bem lenta, bem doída, onde totalmente consciente eu sofra muito, sentindo cada segundo de dor...*

Confesso que fiquei espantado com a resposta, que traduzia o prolongado período de sofrimento anímico pelo qual estaria atravessando. Solicitei a ela que me desse permissão para continuar a conversa, pois eu queria de alguma maneira ajudá-la a sair do sofrimento e a resposta foi direta:

- *Eu só estou aqui porque minha filha pediu para que eu viesse conversar com o senhor. Parece-me que o senhor é uma boa pessoa, mas não perca seu tempo comigo... é melhor eu me retirar para que o senhor possa atender outras pessoas, porque para o meu caso não existe perdão. Eu preciso ainda sofrer bastante antes e depois de morrer.*

Como você também já pode perceber, suas respostas eram carregadas de uma alta carga de negatividade, autopunição, desespero, desalento, profundamente deprimida. A essa altura, intuitivamente eu já começava a imaginar qual deveria ser o grande *'pecado'* que ela precisava sofrer para pagar. Numa folha de papel sulfite em branco, registrei o que imaginava ser o *'ato abominável'* e, virando-o de ponta cabeça, tentei continuar a conversa. Disse a ela que naquele momento eu só me importava com ela, e que meu desejo de ajudá-la era muito grande, pedi para que confiasse em mim. Afirmei-lhe que nada nessa vida é imperdoável, principalmente aos olhos de Deus. Novamente era como se ela não tivesse ouvido nada... olhava ao longe, aparentando estar completamente dopada e muito distante da sala em que nos encontrávamos. Tive que chamá-la de novo pelo nome, e após ter a certeza de que ela estava me ouvindo, reiterar a minha disposição em auxiliá-la. Abaixou a cabeça sem me dizer uma palavra sequer.

Supondo que tivesse aceitado prosseguir a conversa, perguntei-lhe que pecado tão grande teria cometido para merecer tanto sofrimento. Como já era de se esperar, nenhuma resposta me foi dada. Ela simplesmente erguia a cabeça, olhava dentro de meus olhos *(pedindo socorro)* e tentando balbuciar algumas palavras, abaixava a cabeça novamente, sem conseguir emitir um som sequer. A cada vez que eu repetia a pergunta, ela seguia o mesmo ritual. Realmente ela estava engasgada e não conseguia liberar todo aquele sentimento. De repente ela se levantou e disse que ia embora, pois existiam mais pessoas para serem atendidas, e o caso dela nem a morte resolveria. Fiquei em pé também e, severamente ordenei-lhe que se sentasse, pois só sairia dali quando eu permitisse. Assustada, sentou-se me olhando com espanto. Também me espantei com minha atitude. Comecei a falar-lhe:

- *Nessa vida todos nós estamos aqui para aprender, inclusive com os nossos erros. Fugindo da vida, fugindo dos problemas como a senhora tentou fazer agora, ao sair da sala, não contribuirá em nada para erradicar tamanho sofrimento que a senhora está vivenciando. Pare de fugir, busque o aprendizado e continue a vida de uma maneira digna. A senhora é filha de Deus, já foi perdoada por Deus e tem um valor infinito...*

Num acesso de fúria, ela retirou seus anéis de ouro dos dedos e colocou-os próximos a mim, dizendo:

- *Só se isso tem valor, pois eu não tenho valor algum... Pode ficar com essas porcarias, pois eles nem sequer servem para embelezar o 'lixo humano' que eu sou. Tudo ao meu redor é feio. Minha casa está cheia de ratos e aranhas por todos os lados. Todos os armários estão sujos, não têm lâmpadas, está tudo escuro, eu vivo com medo lá dentro...*

Depois da consulta, soube que na verdade essa senhora morava numa bela casa, num bairro nobre da cidade e que, mesmo possuindo tudo que precisava, sentia-se infeliz e só desejava morrer. Estava claro que se sentia tão *'pecadora'*, que uma verdadeira *'nuvem negra'* pairava sobre sua cabeça, furtando-lhe qualquer alternativa senão a morte. Ratos e aranhas eram *'fantasias'* punitivas de sua mente; obscura estava também a sua mente, e não a casa em si. Seus *'armários mentais'* é que estavam abarrotados de sujeira. Tudo estava muito abafado precisando ser arejado urgentemente. Empurrando suas joias de volta, continuei:

- *Na verdade, o que não possui valor são justamente essas joias. Mesmo que essas joias sejam roubadas ou perdidas, podem-se adquirir outras, mas a senhora, aos olhos de Deus, para seus familiares, para o universo, é insubstituível! A senhora está enganada se está se atribuindo um valor infinitamente menor em relação a esses anéis. Mesmo que esses anéis caiam no barro e fiquem imundos, continuam tendo o seu valor, pois sua essência continua sendo ouro; do mesmo modo, mesmo que a senhora tenha cometido alguns erros, grandes ou pequenos, seu valor não diminuiu, pois sua essência é de filha de Deus! Portanto, confesse seu 'pecado' a Deus e receba sua absolvição. É como se a senhora estivesse num julgamento em que o juiz promulgasse sua liberdade, e a senhora insistisse em ir para a prisão...*

Disse-lhe ainda que quanto maior o erro que cometemos maior é a dificuldade de *'confessá-lo'*, mas somente através da confissão sincera acompanhada por igual intensidade de arrependimento é que o alívio poderia ser sentido. Olhando bem em seus olhos, afirmei:

- *Talvez a senhora esteja constrangida de pronunciar o nome do seu 'pecado', por isso, para ajudá-la eu já escrevi nesta folha qual foi o seu pecado. Se eu estiver errado, a senhora pode se levantar e ir embora, mas se estiver correto, comece a falar o que lhe vier à mente, combinado?*

Ela acenou a cabeça em sinal de consentimento. Empurrei em sua direção a folha de papel sulfite onde eu havia escrito a palavra **TRAIÇÃO**. Ao ler, olhou para mim, imaginando estar diante de um bruxo e caiu no choro.

A leitura de determinados símbolos, como tom de voz, postura corporal, maneira de mexer ou esconder as mãos e outros detalhes mais, são feitas a partir do comportamento da própria pessoa. O fato é que, diante da constante e depreciativa maneira com que se referia a si mesma, não foi difícil decifrar o enigma. Seu drama de consciência era tão consumidor que não lhe restava outra alternativa senão a morte, mesmo que fosse pelas próprias mãos, como me confessou mais tarde.

Continuando a consulta, ela levantou sua cabeça e contou-me os detalhes da traição, como seu marido reagiu ante a descoberta, separação e espanto dos filhos; enfim, todo tormento vivido desde então. Confortei-lhe dizendo que já estava perdoada por Deus; faltava ser perdoada por *'si mesma'*. E deveríamos fazer isto naquele momento. Pedi que fechasse os olhos e repetisse depois de mim as seguintes palavras: *'**Eu, fulana de tal, me perdoo**'*. Ela só conseguia dizer até o próprio nome, então eu insistia: *'**Eu, fulana de tal, me perdoo**'*. Perdi a conta de quantas vezes em vão tentei fazê-la repetir essa sentença. Sua boca, envolvida por uma mordaça invisível, chegava a travar e espumar, misturada às lágrimas que desciam discretamente. Continuei repetindo a sentença, até que num rompante, deu um forte grito e chorando ainda mais forte, conseguiu pronunciar *'**Eu, fulana de tal, me perdoo!**'* Ao ouvir isso, a visão que tive foi de uma enorme *'bolsa de sangue podre'* se rompendo entre seus lábios. A visão foi tão nítida, que cheguei a esquivar meu rosto para que o tal sangue não me atingisse. Algo putrefato tinha sido liberado naquele instante. Deixei-a chorar até que fosse se acalmando. Assim que cessaram suas lágrimas, abriu seus olhos e juntos fizemos uma mentalização, terminando a consulta. Sua fisionomia estava totalmente transformada. Existia leveza em seu ser; estava liberta de um fardo de anos e anos. Despedindo-me, abri a porta e antes que ela a atravessasse por completo parou e, virando-se para trás, perguntou-me se podia dar-me um abraço. Sorrindo, abri meus braços e abraçando-a pedi para que Deus a continuasse abençoando. Após conferir o relógio, percebi que haviam se passado quase duas horas. Compactado, o diálogo durou aproximadamente pouco mais que quarenta minutos, sendo o restante do tempo fracionado entre o silêncio e as lágrimas.

Para refletir...

Muitas pessoas, vitimadas por um esmagador sentimento de culpa e autopunição excessiva, acabam por criar ou atrair situações *(conscientemente)* indesejáveis. Mas ao vivenciá-las, experimentam *(inconscientemente)* um mórbido prazer por estar pagando estes e aqueles pecados. Gostaria de compartilhar com você uma interessante história, que narra fielmente a atitude de muitas vezes irmos de encontro àquilo que *(conscientemente)* jamais desejamos:

Um servo desesperado procurou o seu senhor, afirmando ter acabado de receber uma ameaça da Morte, com quem tinha esbarrado na praça do mercado; por isso, implorava-lhe para que o deixasse ir o mais depressa possível para a cidade de Samarra, onde a morte não o encontraria. O senhor permitiu sua partida e também se dirigiu à praça do mercado. Lá, avistou a Morte e foi questionar-lhe por que tinha ameaçado seu empregado. A Morte respondeu que não tinha sido uma ameaça. Mas apenas um gesto de surpresa por ter encontrado em Bagdá o homem com quem tinha um encontro marcado para aquela noite, em Samarra.

Vivenciando o perdão a si mesmo

Escolha uma música de fundo de que goste muito, sinta-se protegido por Deus e mergulhe na reflexão libertadora! Lembre-se de inspirar e expirar lentamente, por várias e várias vezes antes de iniciar a mentalização em si.

Respire profundamente quantas vezes sentir vontade, até sentir-se realmente pronto para mergulhar dentro de si mesmo.

Imagine-se neste instante, num gramado de verde intenso, onde você encontra-se sentado frente a frente consigo mesmo, como se diante de um espelho. E utilizando-se de toda a sinceridade, complete ou responda as frases a seguir. Lembre-se de não ir tão rápido e respirar entre uma frase e outra.

Olhando para você, o que sente?

Você se aceita totalmente?

Sente-se feliz por sua nacionalidade?

Gosta da religião que professa?

Você se considera inteligente?

Amoroso?

Boa companhia?

Agora, inicie um diálogo interno consigo mesmo, para se conhecer melhor.

Às vezes, acho que sou crítico demais em relação a...

Gostaria de ter uma personalidade mais...

Acho que Deus foi injusto por...

Sinto que sou intolerante quando...

Acho que sou intolerante porque...

Acho que tenho complexo de...

Não me sinto amado por...

Também gostaria de receber mais amor de...

Agora, relacione-se com seu corpo:

Sente-se agradecido por possuir exatamente esse corpo?

Gosta dele?

De seus cabelos... de seu olhos...

De sua boca... suas orelhas... seu nariz...

Sente-se fora do peso ideal?

Acha que seus pais são culpados por algo de que não goste em seu corpo?
Se pudesse, mudaria alguma coisa em seu corpo?
Sente que tem cuidado bem de seu corpo?
Possui alguma limitação física?
Aceita suas próprias limitações ou fraquezas?
Na verdade, o que eu não aceito em meu corpo é...
Na verdade, o que eu gostaria de mudar no meu corpo é...
Está desfrutando de boa saúde?
Está atravessando por alguma doença?
Como se sente por possuir essa doença?
Culpa algo ou alguém por essa doença?
Culpa a genética?
Considera Deus inocente ou culpado?
Sente que essa doença é algum castigo?
Essa doença lhe causa alguma limitação?
Como acha que seria sua vida sem essa doença?
Existe algo que você possa fazer para amenizar os efeitos dessa doença?
Analise agora sua vida profissional:
Como profissional, acho que sou...
No trabalho me sinto...
No trabalho, gostaria de poder...
Em relação ao dinheiro, sinto...
Acho que o dinheiro é capaz de...
Agora, vamos analisar seu comportamento sexual:
Sente-se feliz por ter nascido com esse sexo?
Em relação ao sexo, sinto...
Minha primeira experiência sexual foi com...
E eu senti muito...
O que eu mais gostei foi...

O que eu não gostei foi...
Considero meu comportamento sexual...
Consigo controlar meu impulso sexual?
Gosto de praticar sexo quando...
O que mais me excita de verdade é...
Nos namoros sou sempre...
Gosto de estar com meu/minha namorado(a) quando...
Não gosto de estar com meu/minha namorado(a)quando...
O namoro me faz sentir...
Quando me imagino casado, sinto...
Já pratiquei ou induzi alguém a praticar abortamento?
Agora, você vai mergulhar um pouquinho mais dentro de si, para identificar o porquê de alguns vícios como fumar, beber, drogar-se (se você os possuir, é claro.)
Meu maior vício é...
Todos sabem desse vício, ou é escondido?
Esse vício começou quando eu tinha a idade de...
Acho que esse vício começou por causa de...
Na verdade, acho que a real causa foi...
Quando eu (fumo, bebo ou me drogo) me sinto muito...
Sinto que não quero deixar esse vício por conta de...
Sinto que quero deixar esse vício para poder...
Acho que não consigo largar por causa...
Na verdade, não consigo largar por que...
Se eu largar, acho que minha vida será...
E se eu não largar, sinto que minha vida...
Nessa fase final, continue buscando por resposta sinceras, para que consiga enfim se libertar de qualquer sentimento esmagador de culpa.
Quando eu era criança, lembro-me que...
Até hoje, meus pais nem imaginam que eu...

Eu me puno por...
Também me sinto culpado em relação a...
Sinto vergonha quando sinto vontade de...
Sinto vergonha por ter praticado...
Não consigo me controlar em relação a...
Acho que mereço ser...
Acho que posso ser mais...
Na verdade, quero...
Na verdade, o que eu mais quero é...
O segredo que eu nunca contei para ninguém é...
Escondendo isso, sempre me senti...
Às vezes, acho que não mereço perdão porque...
Às vezes, não consigo acreditar no perdão de Deus porque...
Não consigo me perdoar por achar que...
Não me perdoando, acho que minha vida será...
Não me perdoando, acho que minha saúde...
Não me perdoando, tenho certeza de que...
Sinto que posso ser perdoado se eu...
Para ser perdoado, estou disposto a...
Quando eu me perdoar, acho que minha vida será...
Quando eu me perdoar, acho que minha saúde...
Quando eu me perdoar, tenho que certeza de que...
Quando eu me perdoar, também sei que...
No momento em que eu me perdoar, a maior mudança será...
Me perdoando, a minha relação com os demais se tornaria...
Estou disposto a me perdoar nesse instante?
Se a resposta for sim, imagine-se envolto em muita luz, e o barulho de grossas correntes caindo e espatifando-se ao chão, simbolizando essa libertação plena.
A partir desse ponto da mentalização, você poderá fechar os olhos enquanto se dá um forte abraço por alguns minutos, repetindo para si mesmo:

Eu me perdoo! Eu me abençoo!
Deus já me perdoou e me abraça com seu amor grandioso!
Pai Nosso que estais no céu, santificado seja o vosso nome!
Pai Nosso que estais aqui e agora, e que vives dentro de mim, santificado seja o meu nome... (pronunciar o seu nome completo)
Deus já me perdoou e me abraça com seu amor grandioso!
Eu me perdoo! Eu me abençoo!

Se você realmente envolveu-se com o exercício acima e está se sentindo mais leve, pode ser útil registrar numa folha de papel em branco, tudo de positivo que está sentindo nesse momento, e todas as vezes em que se sentir desconfortável por estar se cobrando por algo, releia essa folha e reveja como a experiência do autoperdão é profundamente gratificante e libertadora.

Depois, também será de grande utilidade analisar *(sem escrever nada)* uma a uma as suas respostas, identificando o que lhe tem feito infeliz. Esforce-se para corrigir o que precisa ser corrigido, aprimorar o que precisa ser melhorado, e fortalecer o que lhe garantirá as bases de uma existência feliz, sem punições ou restrições impostas por você mesmo. Seja feliz! Você merece!

Capítulo 9

Perdão aos Pais

O dramaturgo alemão Johann Von Schiller afirmou: *"Não é a carne e o sangue, e sim o coração, que nos faz pais e filhos"*.

Ninguém nasce sem a existência de um pai e de uma mãe, mesmo nos modernos dias de hoje em que se pode contar com o auxílio da ciência. Ainda assim é necessária a junção do material genético feminino com o masculino. Se hoje você pode estar folheando este livro, é porque um dia seus pais permitiram o seu nascimento, ainda que não tenham ficado com você. Se existe vida em nosso interior, esta vida nos foi dada por Deus, mas nós nascemos neste mundo graças aos nossos pais. Isso é irrefutável!

Analisando o Reino Animal, percebemos que os filhotinhos, após nascerem, num curto espaço de tempo já adquirem certa autonomia, dando seus primeiros passeios, lutando por alimento e pela sobrevivência. Analisando a Sociedade Humana, percebemos que nossos *'filhotinhos'* após nascerem e por um bom tempo, são totalmente dependentes dos pais. Isso se faz necessário, para que haja ainda mais um fortalecimento dos laços que os unirão pela vida toda.

Na Bíblia Sagrada, em *Êxodo* 20,12 está escrito: **'*Honra teu pai e tua mãe, para que se prolonguem os teus dias na terra que o Senhor, teu Deus, te dá*'**. O amor filial, portanto, constitui uma lei inalterável desde a criação do Universo.

Novamente analisando a Sociedade Humana, nela encontramos marido e mulher; pais e filhos; professor e aluno; patrão e empregado. Mas encontraremos também: ex-marido e ex-mulher; ex-professor e ex-aluno; ex-patrão e ex-empregado. Porém, nem no mais remoto passado ou no mais distante futuro encontraremos algo parecido com ex-pai ou ex-mãe; ex-filho ou ex-irmão. Isso não é maravilhoso?!?

Pais e filhos possuem laços indissolúveis; pais e filhos são seres que estão fortemente ligados, e esses laços de família jamais poderão se desfazer, pois são formados por uma grandiosa força chamada amor!

Você conhece seus pais?

Ao fazer essa pergunta, costumo receber dois tipos de resposta: *'Ah, sim! Moramos juntos até hoje...'* ou *'Não. Fui abandonado quando era bebê...'* Mas a pergunta vai bem mais além das aparências... Não pretendo obter uma resposta objetiva, mas sim, vivencial. Pergunto se realmente conhece a alma de seus pais e tudo que vai dentro dela?

Geralmente, nós nos colocamos no palanque do ego, pleiteando sermos inquestionavelmente atendidos em nossas necessidades, compreendidos em nossas emoções, respeitados em nossos sentimentos, apoiados em nossas decisões e, dificilmente descemos dessa plataforma egoica no intuito de também compreender, aceitar e apoiar tais emoções em outras pessoas. Costuma-se dizer, e é uma verdade básica, que aquilo que nós mais exigimos receber é justamente o que mais necessitamos oferecer, e em dobro.

Quantos de nós já criamos coragem para convidar nosso pai a um diálogo, onde juntos, sentados no chão *(de igual para igual)*, pudéssemos olhar dentro dos olhos um do outro para um diálogo simples e verdadeiro: **'*Papai, conte-me sua infância. Fale-me um pouco de você... dos sonhos e ideais que um dia existiram em seu interior... Fale-me de suas namoradas, de sua juventude... de seu projeto de família feliz...*'**. Demore-se nessa descoberta de histórias que você desconhece. Depois, repita *(mas não mecanicamente)* o mesmo gesto com sua mãe, seus irmãos, seu cônjuge, filhos, e verá que a linguagem do amor é realmente universal, sendo a falta de diálogo o seu maior obstativo.

Amor em ação!

Buda afirmou: ***"Proferir palavras agradáveis, sem a prática das boas ações, é como uma linda flor sem fragrância"***.
Amor não é só um sentimento, mas acima de tudo, deve ser uma ação! Quanto mais expressado, mais se intensifica. Podemos cultivar o hábito de surpreender positivamente nossos pais, com recadinhos do tipo: '*Papai, eu te amo! Tenha um dia de vitórias!*', '*Mamãe, eu te amo! Seja feliz hoje também!*', e coloque cada dia em um local diferente: na xícara do café da manhã, dentro do sapato, na pasta de trabalho, junto às chaves do carro, no espelho do banheiro, na escova de dentes, mande via e-mail, WhatsApp. Use de criatividade! Afinal somos tão gentis e criativos quando estamos namorando. Espalhe sementes de amor por toda a casa. Importante mesmo não é o lar que você vive, mas como você vive nesse lar!
Mas, infelizmente, a maioria de nós tende a simbolicamente escrever somente bilhetes do tipo *"Papai, não se esqueça da minha Caloi!"*. Isso é triste, pois nos colocamos sempre em uma posição de exigências.

Consta na Bíblia Sagrada a frase **'Deus é Amor'**, portanto podemos afirmar que o amor verdadeiro vem do próprio Deus. Todos nós nascemos com a infinita capacidade de amar. E as primeiras pessoas que aprendemos a amar são os nossos pais. Por isso nos sentimos tão magoados e perdidos quando esse amor não é demonstrado em palavras ou atos. Por não sabermos expressar adequadamente nosso amor por eles e por não compreendermos que muitas vezes eles também não conseguem expressar seu amor, achamos que não somos amados. Como efeito colateral desse pensamento enganoso, nos revoltamos, nos isolamos, criamos complexo de inferioridade, adoecemos. Mas quando nos empenhamos verdadeiramente no sentido de estabelecer a verdadeira harmonia, desfazendo-nos de todo e qualquer "*pré-conceito*" em relação a eles, descobrimos que verdadeiramente nossos pais nos amam, querem sempre o nosso bem, se preocupam *(de maneira exagerada!)* conosco e ofereceriam a própria vida por nossa felicidade. Compreendendo tais sentimentos, conseguimos renascer para o amor aos nossos pais e, consequentemente, a nós mesmos. Talvez não exista desamor, mas sim, um grande mal-entendido.

Desfazendo-se dos pedregulhos mentais

Santo Agostinho (354-430) citou que **"Nada é tão duro e férreo que não se possa vencer com o fogo do amor"**.

Por algumas páginas, deixe de lado todo e qualquer argumento contrário, mesmo que sob todos os pontos de vista seu embasamento seja inquestionável, e permita-se mergulhar dentro de seus sentimentos. Não dentro do *'eu magoado'*, mas dentro do *'eu amor'*.

Em minhas conferências sobre esse tema, às vezes peço para o público fechar os olhos por alguns instantes e aproveito para me esconder atrás do púlpito. Quando então peço para que abram os olhos, logo as risadas começam. Pergunto aos participantes: *'Vocês estão me vendo?'* e a resposta óbvia é *'não'*. Prossigo: *'E porque vocês não estão me vendo eu deixei de existir?'*. A resposta se repete num uníssono *'não'*.

O mesmo pode-se dizer em relação ao amor pelos nossos pais *(para conosco mesmo e para com outras pessoas):* pode ser que ele esteja escondido por trás de alguma mágoa, mas ele não deixou de existir. Mesmo quando aparenta não existir, continua existindo em nosso interior; simplesmente não posso enxergá-lo ou senti-lo devido à existência de mágoas, ressentimentos, tristezas, expectativas frustradas, etc.

E não é novidade que grande parcela de nós, independente da idade, carregue alguma mágoa ou lembrança negativa em relação aos nossos pais, que quando não resolvidas, constitui-nos uma penosa rocha arrastada vida afora.

Em sã consciência, ninguém aceitaria dar uma voltinha com uma pedrinha dentro do sapato. Por minúscula que seja, ao sentirmos sua presença, paramos imediatamente, onde quer que estejamos para retirá-la. No entanto, carregamos imensos pedregulhos em nossa mente e em nosso coração, que machucam tanto ou mais ainda que uma simples pedrinha no sapato.

Por que não nos desfazemos de tais pedrinhas?

Seria devido à utilidade delas? Afinal são verdadeiras armas, trunfos em nossa manga. Na hora exata, eu apanho esses pedregulhos e os atiro no alvo certo, que são meus pais. Quer melhor prova para incriminá-los do que as imensas mágoas que carrego dentro de mim? Porque com tantos anos eles se esqueceram de meu aniversário; com tantos anos eu levei uma surra; com tantos anos eu não ganhei presente no Natal; com tantos anos eu não pude fazer faculdade porque eles não puderam pagar; com tantos anos isso; com tantos anos aquilo; e você passa a criticar, julgar e condenar seus pais por tudo de ruim que aconteceu e continua acontecendo em sua vida. Sem que você tenha percebido, tais pedrinhas destruíram primeiramente você, antes de atingir o alvo. Em conflitos desse gênero jamais existirão vencedores. Bem nos alertou Churchill: *"Se o presente critica o passado, não há muita esperança para o futuro"*.

Julgamentos e expectativas

Uma receita infalível para a infelicidade é sermos críticos e exigentes. Uma vida assim lhe garantirá a certeza de muitas dores pelo corpo, uma insatisfação e angústia constantes, bem como uma assegurada solidão. Qualquer relacionamento não sobrevive em meio a cobranças e críticas infindáveis. O relacionamento entre pais e filhos sofre igualmente em meio a tais posturas destrutivas.

Estar sempre cobrando não é garantia de estar sempre recebendo. Quando compreendemos que nossos pais não são super-heróis, e sim seres humanos *(fragilizados)* como nós, deixamos de nutrir certas expectativas e incumbir-lhes pesadas obrigações das quais depende a nossa felicidade. Como posso exigir que minha mãe me ame plenamente, se muitas vezes ela nem sabe o que é amor? Se não se sentiu amada por seus pais? Não posso negar que exista amor dela para comigo, mas talvez eu desejasse que esse amor fosse mais intenso, mais compreensivo, mais amigável... Ou seja, tudo que ela desconhece, pois não vivenciou esse amor fundamental em sua infância. Reconhecendo que ela está fazendo o melhor que pode, deixo de julgá-la e de exigir o que para ela talvez seja impossível. Compreendendo-a de verdade, passo a me sentir profundamente grato pelo amor que recebo dela, ao mesmo tempo em que me esforço para oferecer-lhe amor em dobro. Agindo assim, renuncio à posição de vítima e passo a rescrever a história de minha vida.

Outra grande fonte de confusões é o senso crítico em relação aos nossos pais. Em outras palavras, nosso hábito de julgar. Sustentamos em nosso interior moldes predeterminados de como gostaríamos que nossos pais fossem e agissem. Nós bem sabemos que nada funciona exatamente assim, e não obstante nos frustramos pela parca colheita de nossas expectativas. Decepcionados, incorremos em julgamento. Algumas pessoas transformam o seu coração em um verdadeiro caldeirão de lembranças amargas, fervendo no fogo da crítica e do julgamento, formando o grosso caldo da mágoa.

Rótulos que nos impedem de ser feliz

Existe uma infinidade de rótulos que escondem a verdadeira identidade de nossos pais. Pai alcoólatra... Mãe insensível... Pai violento... Mãe desequilibrada...

Quando passamos a enxergar nossos pais através desses óculos escuros, um sentimento de desesperança toma conta de nosso ser, pois não vislumbramos quaisquer possibilidades de melhora. É como se nós nos conformássemos com a sina de um relacionamento degenerativo. Analisando sobre essa óptica, assumimos o ar derrotista de que é desnecessário tentar lutar para resgatar algo que não pode ser resgatado.

Mas nesses momentos podemos também optar por ver a situação sob outro ponto de vista, buscando enxergar o que outros ainda não enxergaram e desvendar o que existe de verdade por trás daquele rótulo. Assumimos uma linha investigativa no intuito de sanarmos, ou pelo menos amenizarmos, os possíveis sofrimentos gerados por nos relacionarmos tão somente com aquela identidade distorcida, ao mesmo tempo que investimos na superação.

Pais ausentes

Existem certos momentos de nossa vida, em que nada substitui a presença *(física e emocional)* de nossos pais. A triste verdade é que essa expectativa por vezes é frustrada, abrindo dolorosas fendas nessa relação, que se não tratadas com a devida seriedade, tendem a evoluir gerando abismos difíceis de serem transpostos. Perceba que eu disse *difícil*, e não *impossível*.

Devido à necessidade cada vez maior de realização pessoal e profissional, de busca por melhores cargos e salários, um número crescente de filhos são entregues aos cuidados de creches e babás, tendo sua educação sido totalmente terceirizada para a televisão, *Internet*, professores... de maneira que muitos pais se contentam apenas em acompanhar o desenvolvimento dos filhos através dos boletins. Outros ainda, visando a compensar a ausência, cobrem os filhos com quilos de presentes tecnológicos sem nenhum grama de carinho, aumentando ainda mais a sensação de abandono, que poderá converter-se em revolta. Trabalham para que nunca falte nada de material, quando muitas vezes o que os filhos mais desejam é tão somente a companhia, um abraço e uma palavra. E quando finalmente estão em casa, o cansaço físico deles é tão evidente, que sequer sentem coragem de convidá-los para um passeio.

É muito difícil para um filho compreender a frase *'Papai e mamãe não podem ficar com você agora, porque precisam trabalhar para ganhar dinheiro'*. Em tenra idade, não conseguimos compreender como o mundo funciona de verdade: achamos que o leite sai da caixinha, que o armário sempre tem biscoitos, sobremesas na geladeira, e que basta papai abrir a carteira e poderei levar qualquer brinquedo. Não são poucos os casos de crianças entristecidas que chegam a adoecer, por acharem que o dinheiro é mais importante do que elas.

Já atendi casos de jovens emocionalmente abalados, cuja revolta tem origem em situações como essa. Para eles, ficou registrado em seu emocional que, entre eles e o dinheiro, seus pais sempre optavam pela segunda alternativa. Portanto hoje, em forma de vingança inconsciente, agem de maneira a causar prejuízo financeiro aos pais, envolvendo-se com drogas, acidentes de carro, baixo desempenho escolar.

Se você se identifica com as citações acima, talvez desenvolver nesse momento a compaixão para com seus pais seja útil em um primeiro gesto de abertura para o perdão. Perdoá-los implica em uma profunda compreensão de que eles sempre procuram agir pensando no melhor, mesmo quando o melhor pelo qual eles tanto lutam não é aquilo que desejamos de verdade.

Pais violentos

Existem lares onde a agressão é uma constante. Essa amarga experiência costuma deixar marcas emocionais tão profundas quanto as físicas. Somente quem passou por isso sente a realidade de cada palavra aqui escrita. Só de passar os olhos sobre o subtítulo sentimo-nos um tanto desconfortáveis. E ao recordar determinadas situações, o desconforto parece transbordar do emocional para o físico. Para muitos, as cenas sempre vivas em suas lembranças são um verdadeiro quadro pintado a sangue.

As violências sofridas vão muito além das surras; sofremos também com as violências emocionais, recebendo palavras que machucam mais do que uma grossa cinta de couro. Duras palavras proferidas por nossos pais que ainda hoje ecoam em nossa mente, repetindo-se mais uma vez, e mais uma vez...

Para curarmos nossa **criança interior magoada**, devemos permitir que ela apareça e se expresse. Portanto, não adianta tentar reprimir tais lembranças ou evitar falar sobre elas, por mais dolorosas que sejam. Por isso, em um processo terapêutico, procuramos conversar com detalhes sobre tudo aquilo que está causando a dor, para que essa dor reprimida seja então liberada.

Tomemos como exemplo uma criança que está chorando de dor por causa de um espinho fincado em um de seus dedos da mão direita; quando nos aproximamos para retirar o espinho, sua reação espontânea é chorar ainda mais alto e impedir que toquemos no local que dói. Por mais que expliquemos, ainda assim ela se recusa a estender a mão, não permitindo que possamos retirar o espinho. Ela se mostra assustada e chora ainda mais por medo que a dor aumente. Para que a dor cesse, porém, não há alternativa senão a retirada do espinho.

Se você sofreu com pais violentos, então agora é momento de extirparmos o seu espinho: O perdão entra em cena. A visualização a seguir é apenas uma sugestão. De acordo com as suas próprias vivências, vá acrescentando ou omitindo frases. Importante é buscar responder cada frase sem pressa, e se não conseguir encontrar resposta, repita-se a pergunta quantas vezes forem necessárias, e não passe adiante se não obtiver uma resposta sincera.

> Inspire profunda e lentamente por algumas vezes até sentir-se confortável. Agora, procure se lembrar de uma cena de violência que tenha sofrido. Busque rememorar alguns detalhes. Lembre-se de inspirar profundamente entre uma frase e outra!
> Qual foi o motivo da surra?
> Com o quê você foi surrado?
> Você foi obrigado a buscar a cinta ou o chinelo para apanhar?
> Por quanto tempo você foi surrado?
> Deixaram marcas em seu corpo?
> Saiu sangue?
> Quem lhe surrou, foi seu pai ou sua mãe?
> O que lhe diziam enquanto lhe batiam?
> Pediram para você parar de chorar senão apanharia mais?
> Diziam 'engole esse choro'?
> Gritaram que você era um problema na vida deles?
> Que preferiam que você não tivesse nascido?

Que fisionomias demonstravam ao lhe bater?
Onde você foi surrado?
Havia mais alguém olhando?
Enquanto você era surrado, alguém ria de você?
O que você sentiu por essas pessoas?
Como você se sentiu ao começar a ser surrado?
Você pediu para que parassem?
Você tentou escapar?
Você chorou muito?
Além da dor física, o que mais você sentiu?
Naquele instante, você desejou que seu pai ou sua mãe morressem?
Sentiu raiva de mais alguém, além de seus pais?
Após a surra, para onde você foi?
Você teve liberdade de continuar chorando ou foi obrigado a parar?
Você foi consolado por alguém?
Seus pais demoraram para lhe procurar após a surra?
O que eles lhe disseram?
Demonstraram algum carinho como abraço ou beijo?
Você desejou um abraço ou um beijo?
Você acha que mereceu a surra?
Você preferiria que eles tivessem lhe aplicado um castigo ao invés da surra?
Você acha que um diálogo substituiria a surra e o castigo?
Demorou para superar a dor física?
Demorou para sanar a dor emocional?
O que você gostaria de lhes ter dito, naquele momento?
Agora pense novamente em quem lhe aplicou a surra:
Foi seu pai ou sua mãe?
Como você acha que seu pai ou sua mãe se sentiu naquele momento?

Você acha que seu pai ou sua mãe desejou lhe surrar?
Ao lhe surrar, seu pai ou sua mãe choraram?
Você acha que seu pai ou sua mãe perceberam a intensidade da surra?
Antes da surra, eles já estavam nervosos com alguma outra coisa?
Após lhe surrarem, disseram algo ou lhe deram alguma ordem?
Você acha que eles tinham noção do peso daquelas palavras?
Após lhe surrarem, seu pai ou sua mãe choraram?
Após lhe surrarem, para onde eles foram?
O que eles foram fazer?
E o que você acha que eles realmente gostariam de ter feito?
O que você gostaria que eles tivessem lhe dito, naquele momento?
Agora inspire mais uma vez, profundamente...
Procure sentir se realmente você já os perdoou por isso.
E se ainda não conseguiu, sente-se preparado para perdoá-los?
Você deseja realmente perdoá-los?
Você sente que já chorou o suficiente?
Ainda se sente injustiçado?
Você sente que poderá perdoá-los algum dia?
O que falta para que o perdão aconteça?
De sua parte, o que se dispõe a fazer para que o perdão aconteça?
Agora, inspire profunda e lentamente quantas vezes desejar, mas de olhos fechados.

Continue inspirando profundamente várias e várias vezes, até se sentir completamente leve, sem nenhuma sensação de desconforto. Se preciso for, interrompa a leitura por alguns minutos.

Pais alcoólatras ou viciados

Creio que vergonha, medo, humilhação e revolta sejam verbetes adequados para expressar o sentimento de quem têm ou teve pais envolvidos em vícios. É um lar repleto de altos e baixos, onde é preciso estar sempre esperando o inesperado...

Pessoas que sofrem esse tipo de dependência normalmente são pessoas que estão carentes, inseguras, infelizes ou magoadas, e que buscam preencher a sensação de vazio existencial com drogas ou álcool. Essas substâncias químicas estão sempre ocupando o lugar de algo ou alguém.

Consciência de culpa esmagadora também costuma ser a causa primeva de se alimentar tais vícios: estando alcoolizado ou drogado, o cérebro fica anestesiado, amortecendo a voz da consciência e encobrindo temporariamente a melancolia, a angústia e as frustrações.

Quando uma pessoa se sente feliz e amada, não sente necessidade de preencher o seu interior com produtos químicos, pois o amor por si mesmo e de todos os seus familiares a preenchem totalmente.

Se esse é ou foi o seu caso, pare alguns instantes e busque respostas. Deixe sua própria dureza de lado, e sentindo profundo amor e compaixão por seus pais, trave esse diálogo mental. Lembre-se de controlar sua respiração, e que você possui liberdade para substituir palavras, omitir ou incluir frases:

Inspire quantas vezes achar necessário, até sentir-se pronto:

Mentalmente, permita que se forme a imagem de seu pai ou de sua mãe. Se ambos têm ou tiveram problemas com álcool ou drogas, é importante fazer esse exercício individualmente e não com os dois ao mesmo tempo.

O que seu pai/mãe bebe?

Geralmente, que quantidade ele(a) bebe?

Com que frequência ele(a) bebe?
Onde ele(a) gosta de beber?
Prefere beber sozinho(a) ou acompanhado(a)?
Se acompanhado(a), quais companhias ele(a) prefere?
Quando começou a beber?
Por que ele(a) bebe?
Ele(a) gosta de beber?
Como ele(a) se sente quando bebe?
Quando bebe, ele(a) costuma ficar violento(a)?
O que costuma dizer quando bebe?
Ele(a) fica falando do passado?
Como você se sente quando ele(a) bebe?
Ele(a) tenta se libertar desse vício?
Como será que se sente por não conseguir?
Seu pai/mãe costuma ser muito criticado(a)?
Ele(a) se sente infeliz?
Ele(a) se sente inferiorizado(a)?
Será que ele(a) está feliz no casamento?
Seu(sua) pai/mãe se sente amado(a) por todos os filhos?
Seu(sua) pai/mãe sabe que você o/a ama profundamente?
Além de críticas, o que você pode oferecer-lhe?
Sente-se capaz de oferecer-lhe amor incondicional?
Você teria coragem de isentar-lhe de toda e qualquer culpa?
Sente-se preparado para oferecer-lhe perdão?
Acredita realmente que ele(a) pode se recuperar?
Existe algo que você possa fazer?

Preste atenção à resposta do último questionamento. Ela poderá indicar alternativas para agir ou limites a serem respeitados.

O essencial neste exercício é tentar retirar esses rótulos que encobrem o *papai* e a *mamãe*. Em ambos os casos, dependendo do quanto se aprofundar nesse exercício, acabará por descobrir um *papai-criança* e uma *mamãe-criança* amedrontados, complexados e carentes de amor, de reconhecimento, de diálogo, de atenção. Gestos e sentimentos que você certamente pode oferecer.

Pais separados

É importante frisar que os possíveis traumas não advêm do fato da separação dos pais, mas sim de como ocorre essa separação. Também é verdade que os filhos podem vez ou outra experienciar uma sensação de tristeza ou mágoa, ainda que levemente, suscitada por ocasiões em que gostaria de ver os pais lado a lado em um passeio, reuniões da escola, festas, ou simplesmente por ver os pais dos amigos juntos. É desejo natural dos filhos que os pais permaneçam sempre juntos.

Existem casos de filhos que chegam a desenvolver doenças emocionais após a separação dos pais. E não estou falando somente de crianças ou adolescentes; também adultos sofrem com o rompimento conjugal entre os pais. Muitos chegam inclusive a ter o próprio casamento abalado.

Se você possui pais separados, experimente agora libertá-los das cobranças mentais que você vinha lhes impondo, ainda que de maneira inconsciente. Não culpe seu pai ou sua mãe por um casamento desfeito; esse assunto está além do entendimento dos filhos. Envie-lhes simplesmente amor e votos de uma vida feliz e plena. Eles podem deixar de conviver como marido e mulher, mas serão eternamente seus pais.

Atendi determinada vez uma jovem de 23 anos de idade, que possuía muita mágoa por seu pai ter sido infiel à sua mãe, o que ocasionou o divórcio. Durante um bom tempo, fiz-lhe uma série de perguntas sobre eventuais falhas em sua postura como pai, e não encontramos nenhuma, ou seja, segundo ela mesma, sempre foi um pai presente, carinhoso e provedor em todos os sentidos possíveis e imagináveis. A única mancha na imagem do pai se formara pelo fato de ela ter se tornado confidente de sua mãe e tomado conhecimento de coisas desnecessárias. Lembro-me de ter olhado dentro de seus olhos e dito: *'Se preciso for, critique seu pai como pai, mas não como marido da sua mãe'*. Filhos não precisam e nem devem ser envolvidos na vida conjugal dos pais, ou dos motivos reais de uma separação, pois esse assunto deve ser resolvido entre eles, evitando-se confidências inúteis, inclusive para não destruir os sonhos e projetos de um casamento feliz que os filhos venham a acalentar.

Pais doentes

Embora se saiba que existem eventos na vida que não se pode comandar, não é fácil compreendermos determinadas circunstâncias do destino.

Senti-me sensibilizado pela queixa de uma cliente, que buscava auxilio na terapia, por ter atravessado a experiência de desde tenra idade conviver com um pai doente. A rotina de uma casa é fortemente influenciada pela presença de alguém seriamente doente. Em lágrimas, sentia-se culpada por ter odiado o pai doente, preso à cadeira de rodas vítima de um AVC. Lembra-se com profunda tristeza do quanto desejou ser pega no colo, rodopiada no ar, mas as limitações físicas do pai nunca permitiram. Nem sequer conversar podiam, pois a fala do pai foi totalmente afetada pela doença. E a vergonha que sentia dos amigos? Todos eram felizes, menos ela. Seu lar era sombrio. Conforme crescia, naturalmente foi reprimindo toda a sua alegria, pois se sentia proibida de se sentir feliz, visto que seu pai era doente e sua mãe, com fisionomia sofrida, não sabia fazer outra coisa senão cuidar dele. Ninguém havia lhe pedido nada, mas por iniciativa própria estava aos poucos renunciando às alegrias da vida. É como se, por obrigação, ela mesma se colocasse numa cadeira de rodas imaginária, para ser solidária ao pai. Teve um único namorado na vida, mas também renunciou ao sonho de se casar. Enfim, sentia-se condenada à infelicidade, vítima da doença do pai.

A orientação mais sensata continua sendo libertar-se da condição de vítima do destino, e também libertar o pai ou mãe doente do título de *'causador de sua infelicidade'* e, buscar se relacionar com a parte saudável do pai ou da mãe, inclusive para ajudá-los a superar a limitação. Sem se dar conta, todos permitiram que todo o lar se transformasse num quarto de hospital, preenchido de melancolia e desesperança.

Mas essa consciência só é possível agora, como adulto. E o importante é compreendermos que mesmo adultos, os sentimentos de criança continuam abrigados em nossas lembranças, influenciando silenciosamente nossa forma de se conduzir pela vida nos dias de hoje. Por isso, seja bondoso consigo mesmo! O mais saudável a fazer agora é investigar e identificar a existência de tais sentimentos, compreender que são sentimentos infantis, desprovidos de maldade, e ao concluir que eles não possuem raízes malignas, perdoe-se por tê-los nutrido um dia. Lembre-se também de estender esse perdão aos seus pais, que por circunstâncias alheias à própria vontade, são tão inocentes quanto você. Liberte-os desse fardo.

Pais adotivos

Determinada vez ouvi uma afirmação impossível de ser aceita de imediato. De maneira bem resumida, preconizava que todo pai e toda mãe são dignos de gratidão; inclusive aqueles pais que, tomando seu filho recém-nascido nos braços, abandonam-no numa sarjeta e vão embora. Esse pai e essa mãe são dignos de eterna gratidão.

O que você acha?

E se eu disser que a sentença pode ser aceita, será que perderei você como leitor para sempre? Analisemos com calma!

O questionamento óbvio será: Como é que se pode abandonar uma criança na sarjeta, tenha ela a idade que for? Outro argumento óbvio será que ela precisará de cuidados, alimentos, roupas, estudos, carinho... A linha de raciocínio está corretíssima. Eu também concordo. Um dia, porém, meditando sobre essa afirmação, compreendi que cuidados, alimentos, roupas, estudos, carinho e tudo o mais, qualquer pessoa poderá dar, mas a **VIDA**, somente aquele pai e aquela mãe puderam dar.

Conheço inúmeros casos de pessoas, jovens ou não, que ao descobrirem que foram adotadas passaram a nutrir um sentimento de revolta muito grande. Imaginando-se rejeitado e abandonado pelos pais biológicos, surge a revolta, que ao ser cultivada contribuirá para o desenvolvimento ou acentuamento de um forte complexo de inferioridade, inclusive até doenças. Imagina-se quão difícil decisão deve ser abandonar ou entregar um filho para que outra família possa criá-lo. As razões para tal ato podem ser muitas, onde embasados por uma série de conceitos ou falta deles, por não vislumbrarem um futuro sadio e feliz para o filho, optam por entregá-lo para que outra família ou instituição possa oferecer-lhe ao mínimo o essencial. Com certeza, não deve ser entre risos e festas que um filho é abandonado por seus pais. Uma lágrima de seus pais sempre acompanhará esse filho. Perdoá-los será muito bom para que você não se afunde numa série de suposições inúteis e infundadas.

Aprendendo com a *Lassie*

Meu pai sempre adorou criar cachorros e em nossa casa, determinada vez, tínhamos uma cadela chamada *Lassie*. A cada cria, nasciam de nove até onze filhotinhos fofinhos. Era uma festa! Quando os filhotinhos já tinham cerca de uma semana, papai pegava um ou dois deles e levava-os para dentro de casa e, deitando-se no chão da sala, brincava com eles. Quando percebíamos, a *Lassie* estava dentro de casa, espreitando pela porta da cozinha. Se meu pai desse permissão, ela entrava na sala, abocanhava um filhotinho e levava-o de volta ao ninho e rapidamente voltava para levar o outro.

Ao retornar de seus *'passeios'*, conseguia identificar se um de seus filhotinhos não estava no ninho, e percorria a casa toda a sua procura. Às vezes, propositadamente meu pai escondia um em seu colo e, sentado no sofá ficava a observá-la a sua procura. Quando o encontrava entre as mãos de meu pai, abanando a cauda, parecia sorrir aliviada.

Difícil era o momento de dar os filhotinhos. Quando escolhido o filhotinho, tal pessoa pegava-o no colo e, conversando dirigia-se ao portão da frente, num espaço estimado entre dez ou quinze metros. *Lassie* ia atrás, e aos pulinhos tentava cercar a pessoa. Abanando sua cauda para baixo, nos olhava como que dizendo: *'Me ajudem, essa pessoa está levando um de meus filhos embora...'* e desse modo, acompanhava-o até o portão, onde latindo, via seu filhotinho entrar num carro e seguir outro destino. Às vezes se passavam até cinco minutos e ela permanecia ali, na esperança de que talvez, quem sabe, o carro retornasse... Frustrada em sua esperança, retornava a passos lentos aos demais filhotes e ali permanecia com olhar profundamente magoado.

Uma das cenas que mais me comoveram, foi quando um dia, passando pela porta do escritório de meu pai, ouvi um *'chorinho'* da *Lassie*. Quando olhei, ela estava deitada em cima do sofá. Imediatamente dei-lhe um grito para que saísse dali. Num pulo, saiu do escritório e ficou rondando a porta. Por mais que a espantasse, não saía dali. Olhando para o sofá em que estava, percebi que *Lassie*, já mais velha, havia sofrido um abortamento bem no sofá do escritório de meu pai. Aproximei-me para ver o único cachorrinho, que havia nascido prematuro, sem um pelo sequer. Só havia sua pele inteiramente negra. Assustado, chamei minha irmã. Ficamos a olhar para a *Lassie*, penalizados com aquele fato. Minha irmã então disse que iria pegar uma caixa de sapatos para retirar o cãozinho dali. Ao ouvir isso, *Lassie* avançou sobre o sofá e num rápido movimento, abriu sua boca e engoliu o filhotinho morto. Mais emocionados do que propriamente assustados, concluímos que agora ela estava mais feliz, pois seu filhotinho havia retornado para dentro dela. A partir desse episódio, fiquei a meditar ainda mais sobre a inexistência de limites no amor de nossos pais.

'Você está amando ou pagando?'

Determinada vez, tão logo encerrei a **Oficina do Perdão**, atendi uma jovem-senhora de pouco mais de quarenta anos de idade, ainda inupta. Contou-me que o sonho de sua vida era casar-se. Também tinha o agravante de não conseguir relacionar-se harmoniosamente em seus *'namoros'*. Fui logo perguntando:

- *Como foi a sua infância?*
- *Muito boa!* – respondeu-me ela, prontamente. Sempre duvido de respostas tão rápidas!
- *Seu relacionamento com seus pais foi harmonioso?* – insisti na pergunta.
- *Sim! Muito harmonioso...*
- *Quer dizer que a senhora não carrega nenhum trauma em relação a seus pais e teve a infância mais feliz do mundo?* – disse eu, olhando em seus olhos.
- *Bem, na verdade...*

Aí é que a conversa começou a fluir, pois agora havia sinceridade emocional por parte dela. Ela era filha única. Contou-me que seu pai tinha o vício da bebida, o que fez com que ela e a mãe sofressem muito. Por inúmeras vezes presenciou cenas de agressões por parte do pai. E aos poucos, foi se tornando 'confidente' de sua mãe, que lhe contava tudo, inclusive assuntos sexuais. Desde os seus doze anos, começou a sentir uma forte repugnância pelo próprio pai, com o qual tentava evitar ao máximo o convívio. Aos poucos, percebeu que estava com repulsa também em relação à própria mãe, pois esta, embora vivesse reclamando dos constantes maltratos, nada fazia para colocar um 'basta!' à situação. Aos dezenove anos saiu de casa para estudar, formou-se e visitava seus pais somente por ocasião das férias de fim de ano. Permanecia na casa o menos possível e logo retornava para a capital.

- *Um belo dia, minha mãe me liga comunicando a morte de meu pai. Após o enterro, fiquei cinco dias com ela e depois retornei para Porto Alegre. Passados trinta dias, ela começou a me ligar a todo instante, dizendo que se sentia muito sozinha e então eu tive que voltar...*

- *'Teve' que voltar?* – perguntei-lhe incisivamente. *Essa palavra tem um peso de lamentação e cobrança, ou é impressão de minha parte?*

Totalmente desconcertada, tentou desviar-se do assunto, dizendo:

- *Ah! Mas eu não quero falar da minha mãe, eu quero é que apareça alguém na minha vida para que eu possa amar, me casar e ser feliz...*

Respondi-lhe sem meias palavras:

- *Como é que a senhora quer que apareça alguém na sua vida para amar, se a senhora não consegue amar sequer quem lhe deu a vida?*

Ela ficou a me olhar demoradamente, com uma expressão totalmente desnorteada. Era como se eu tivesse lhe desferido um golpe. Ela estava muito agitada e foram precisas aquelas palavras para que a arremetesse à causa da questão, não aos sintomas gerados. Ali mesmo, no meio do gramado e das azáleas coloridas, continuamos a conversa. Analisando as principais informações que ela me forneceu, apreende-se o dilema vivido desde tenra idade. A ideia de casamento que lhe serviu de modelo foi justamente o de seus pais: um homem *'bêbado'*, infeliz e amargurado que ao chegar em casa agride a esposa *'santa'*, dedicada e infeliz, que não tendo com quem desabafar, conversa com a filha pequena que nem sequer sabe o que é vida conjugal, dizendo-lhe que *'seu pai é um cavalo...'*, *'seu pai é um grosso...'*, *'seu pai tem amantes...'*. Sentia-se penalizada com a vida que a mãe levava, aumentando ainda mais a raiva sentida em relação ao pai. E ficava profundamente confusa quando, ao acordar pela manhã, via seus pais aos beijos e abraços, pois tinham feito as *'pazes'* durante a noite. Sua mãe lhe dizia:

- *Seu pai é muito grosso. Ele chega quase a me violentar quando quer sexo... Mas não fica com raiva dele não, filha. No fundo ele é um bom homem. É que as vezes ele fica nervoso...*

O leitor há de convir, fica uma bagunça a cabeça de um ser humano num cenário desses, independente da idade...

Por desde cedo estar vivenciando essa *'interminável novela'*, criou-se dentro dela uma repulsa pelo casamento. *'Para quê eu vou me casar? Para sofrer igual a minha mãe? Homem é tudo igual e eu nunca que vou permitir que um homem faça comigo o que meu pai faz com minha mãe! Prefiro morrer solteira!'*. Pode ser que, num momento de violenta emoção, esse tipo de *'decisão'* tenha sido tomada; e com o passar dos anos caiu no esquecimento, embora permaneça gravada no inconsciente. Esta pode ser a razão número um da situação vivenciada hoje, em forma de dificuldade de relacionamento, pois, por mais que se aproxime o *'príncipe'*, existe o medo inconsciente, de que em breve ele se transforme em um *'sapo'* alcoólatra e beberrão.

Como nossa vida é conduzida pelo inconsciente, ela mesma provocava reações que geravam conflitos e o consequente rompimento. Terminada uma relação, no seu consciente, ela estava mergulhada em uma tristeza profunda, mas no seu inconsciente, a alegria de ter se livrado de um provável *'marido-problema'* era muito maior.

Também existia em seu interior, até então, a questão da convivência com a mãe. Analisando superficialmente, após passar por tudo o que passou, ainda lhe coube a *'ingrata'* tarefa de *'ter'* que cuidar de sua mãe. Mais uma vez a 'culpa' é transferida para a mãe, que se tornou um *'peso'* em sua vida.

Neste caso, a mãe também representava um escudo, atrás do qual ela se escondia da vida. *'Tenho que cuidar de minha mãe'* é a desculpa perfeita encontrada para justificar seus próprios medos e inseguranças referentes à vida conjugal. O que disse a ela foram mais ou menos essas palavras: *Por desconhecerem a verdade do quanto determinadas palavras ou situações irão influenciar profundamente nossa vida adulta, nossos pais nos confidenciam determinados assuntos. Imagine o quanto deve ter sido triste a vida de sua mãe, que passava por toda aquela situação, sem ter com quem conversar? Não tinha acompanhamento psicológico nem amigas para desabafar. Então, naquele desespero profundo, viu em você alguém que pudesse ouvir tudo sem fazer nada! Talvez se contasse para uma vizinha, esta ou espalhasse o segredo aos quatro cantos ou denunciasse seu pai para a polícia. No entanto, à maneira dela, tentou manter a família unida, embora não houvesse qualidade alguma nessa união.*

Ela interrompeu-me, profundamente entristecida:

- *Ela sempre me disse, desde pequena, que só não abandonou meu pai por minha causa.*

- *Pois liberte-se desse peso agora!* - Disse eu - *Ninguém se sacrifica por ninguém! Ela não abandonou seu pai porque faltou-lhe coragem. E nesse caso, você é que funcionou como escudo para justificar o conformismo dela. Filho não prende os pais. Em muitos casos a separação é muito mais saudável para todos, inclusive para os filhos... Agora, você carrega essa dívida de que, como ela se sacrificou por você, então você irá se sacrificar por ela! Cuidando dela, pode ser que você esteja lhe 'amando', mas inconscientemente você sente que está lhe 'pagando' por todos os sacrifícios. Não existe frase mais incorreta do que 'Amor, com amor se paga', pois no amor verdadeiro não existem cobranças... Amor é uma retribuição espontânea e não um pagamento imposto. Pense que o 'Universo' lhe concedeu a oportunidade de viver uma nova história com sua mãe. Assim como um dia, quando você era bebê e recebeu todos os cuidados por parte dela, assim faça por ela agora. Não como pagamento, mas com profundo sentimento de gratidão! Pense em tudo o que você pode fazer para tornar a vida dela mais alegre. Perdoe-lhe por ter lhe confidenciado tantas coisas que você não queria e não podia ouvir. Agora chegou a hora de entregar todas essas confidências a Deus, pois nenhuma delas lhe pertence. Solte-as... Pense que você serviu como bálsamo para as dores de sua mãe, quando ela mais precisou. Agora jogue tudo isso fora, e deixe que Deus seja o seu bálsamo. Perdoe o seu pai. Através desse distanciamento, você nunca se permitiu uma conversa franca com ele, para conhecer suas dores e frustrações interiores que o arrastavam para a bebida. Perdoe-se também por ter se distanciado dele. Com certeza, tanto quanto sua mãe, ele também deve ter sofrido, mas da pior maneira: calado. Conceda-lhe seu perdão e peça o seu perdão. Deve ter morrido profundamente infeliz, por não ter se reconciliado com você; deve ter morrido profundamente infeliz, considerando-se plenamente responsável por todos os sofrimentos causados a você! Absolva-o! Não existem culpados, vocês são todos inocentes. E após vivenciar verdadeiramente o perdão para o papai e para a mamãe, converse com ela, mostrando-lhe a necessidade de perdoar o falecido marido.*

Continuamos a conversa por um pouco mais de tempo e nos despedimos. Orar, agradecer e amar ajudaria na limpeza do seu inconsciente. A partir de então, atrairia somente boas pessoas e situações, pois o amor atrai o amor!

Capítulo 10

Perdão ao Cônjuge

Existe um bem humorado provérbio russo que alerta: *"Antes de partires para a guerra, reza uma vez; antes de embarcares para o mar, reza duas vezes; antes de te casares, reza três vezes"*.

Alguns namoros se solidificam a ponto de se transformarem em casamento. É muito importante sabermos que o amor vivido no dia a dia do namoro, época de conhecimento e adaptações, influenciará na vida do casal após o matrimônio. Muitos rumam para o casamento julgando ser ele o ápice do amor, quando na verdade é apenas o início de uma nova e longa caminhada. A felicidade não está garantida só com a escolha do *'cônjuge perfeito'*, mas será conquistada na vida diária repleta de amor e compreensão. Se houver falhas nesse projeto conjugal, a infelicidade não pertencerá somente ao casal, mas será compartilhada em algum grau com os demais familiares.

Tudo na vida é um aprendizado. Inclusive a vida conjugal. Adoramos viver intensamente os bons momentos, mas precisamos aprender a passar também pelas turbulências.

As primeiras rupturas

No começo da vida conjugal, existem planos de amor, declarados em frases que contemplem 'Nossa vida!'; 'Nossos sonhos!'; 'Nosso Amor!'. De repente, aos poucos começam a surgir palavras mais ásperas como 'Sua culpa!'; 'Sua insensibilidade!'; 'Sua grosseria!' e logo surge um abismo entre o casal.

No momento de seu casamento, para cada pergunta que lhe foi feita, a sua resposta foi *'SIM'*. Em momento algum foram admitidas respostas como *'não sei!'*, *'na hora eu decido!'* ou *'se o bicho pegar a gente dá um jeito'*. Isso significa que perante o altar você empenhou o seu *'SIM'* no sentido de buscar sempre manter em harmonia o seu lar. Porém, no decorrer do casamento timidamente começa a surgir espaço para o 'NÃO': 'Agora não! Eu quero ficar sozinho'; 'Isso não é da sua conta'; 'Não me enche! Vai pro inferno!'; 'Não quero saber, cai fora!' e logo a casa está recheada de *'cala a boca'* e outras palavras piores ainda, isso sem falar nos lares em que a agressão física acompanha a verbal.

Na verdade, esse abismo entre o casal não surgiu num passe de mágica, de uma hora para outra. Ele foi surgindo através das mágoas engolidas, das palavras ásperas, dos sentimentos de incompreensão e abandono, da fisionomia fechada, enfim, de inúmeros sentimentos não resolvidos.

O amor como base de tudo

Se você se casou, é porque um dia amou profundamente esse ser, a ponto de decidir entregar-lhe sua vida para construírem juntos um lar. Se desejamos construir uma família, em nosso projeto de lar feliz, nunca poderá faltar amor, dedicação, anulação do ego e, acima de tudo, respeito mútuo. Se estiver existindo desarmonia conjugal será como consequência dessas pequenas fissuras. Por isso, um conselho útil: Jamais durma sem se reconciliar. Assim como é desconfortável dormir sem banho, igualmente se pode dizer o mesmo quando se dorme com um assunto pendente, por mais insignificante que aparente ser. Não dá para dormir sem se reconciliar, do mesmo modo que não dá para conviver entre tapas e beijos. É por isso que em uma casa, além da cama, existem também sofá e mesa. Jamais busque ou acredite em uma reconciliação 'feita na cama'. Conversas devem ser desenvolvidas na mesa, frente a frente. Após isso, o que 'acontecer' momentos antes de dormir, deverá ser a expressão do amor que sentem um pelo outro, e não um pedido de desculpas na horizontal; aí sim dá para dormir tranquilo. E o outro dia é outro dia!

Um casal junta mais do que as escovas de dente...

O importante para se levar uma vida feliz é sempre reconhecermos nossa parcela de responsabilidade em toda e qualquer situação. O escritor suíço Jean Petit-Senn (1790-1870) afirmou que: ***"Quanto mais alguém se aproxima da perfeição, menos a exige dos outros"***. Um pensamento digno de reflexão.

Em relacionamentos tumultuados, marido e mulher, totalmente desgastados com a situação, insistem em culpar o outro pela infelicidade vivida. Tudo aquilo que exijo, na verdade preciso oferecer em dobro. Eu crio a expectativa de que o outro supra minhas necessidades ou carências afetivas e, uma vez não satisfeitas, descarrego sobre ele toda a minha frustração, elegendo-o causador número um de minha amargura.

Ao utilizar-me de sinceridade comigo mesmo, observarei que rumei para o casamento com um coração cheio de amor, expectativas e boas intenções, mas também levei a minha *'malinha'* cheia de traumas, complexos, mágoas, carências, etc. Nosso cônjuge age da mesma maneira: além de sua escova de dente, também traz a sua *'malinha traumática'*.

O amor ama o compromisso

Já eram mais de 22:30 horas, quando fui incumbido de uma difícil tarefa durante a realização de um *Retiro para Jovens* em minha paróquia: Pedir para um casal que estava aos abraços e beijos despedirem-se e dirigirem-se aos seus respectivos alojamentos, pois já era tarde. Conforme fui me aproximando, observava os detalhes daquele agarramento: Apertavam-se tanto um contra o outro que não sobrava sequer um espaço para o *'Espírito Santo'*. Agarravam-se com tamanha força, que suas costas *(e outras partes)* já deviam estar cobertas por hematomas... Ao se beijarem, fios de baba escorriam do canto de suas bocas... E eu me aproximando para separar aquele casal tão apaixonado. Pedi licença e fui logo solicitando a colaboração deles no sentido de irem dormir (porém, não juntos!), devido ao horário adiantado. Para minha surpresa, não houve relutância, beijaram-se mais uma vez e de mãos dadas, foram se afastando em direções opostas. E eu, encantado com tanto amor! Após dar menos de dez passos, a garota virou-se para traz e gritou para o rapaz: *'Hei, como é seu nome mesmo?'*. Não pude conter o riso...

Existem pessoas que pensam que casamento é: ter marido ou mulher; morar juntos; ter relação sexual; ter filhos; comer lasanha todo domingo e pronto; isso é casamento! Não é nada disso... O casamento é se completar! O homem só se completa quando encontra a mulher ideal! A mulher só se completa quando encontra o homem ideal!

O relacionamento entre um homem e uma mulher é valorizado por um sentimento chamado amor. Quando vivemos o amor conjugal em sua plenitude, desfrutamos de total harmonia.

Nos namoros surgem promessas e mais promessas... juras de amor eterno... mas o amor ama o compromisso! Nesse clima de grande romance, ficam noivos, marcam a data do casamento, imprimem convites do tamanho de um *outdoor*, escolhem padrinhos, escolhem igreja, escolhem orquestra, escolhe vestido, faz maquiagem... entra na igreja ao som dos violinos, caminha em direção ao altar, responde *'sim'*, *'sim'* e *'sim'* e chega o grande momento da troca das alianças. Fez todo esse *'cerimonial'* por fora e acha que fez por dentro. Não basta colocar a aliança no dedo; é preciso vestir sua alma com essa aliança. É impossível existir aliança sem compromisso. Foi por amor que vocês trocaram as alianças. Jamais perca de vista esse amor. Resgate a pessoa que você enxergou no dia do seu casamento.

Significado da aliança

O ator e poeta inglês Coley Cibber (1671-1757) assim se expressou: **"Oh! Quantos tormentos dentro do pequeno círculo de um anel nupcial!"**

A despeito da graciosa opinião acima, o casamento em verdadeira aliança nos traz a fortaleza para o viver diário, pois existe ali cumplicidade, amizade, companheirismo, fazer parte um do outro... e a falência de um casamento começa quando não se sabe ou se esquece o valor dessa aliança na vida do casal.

> Tire a aliança de seu dedo e segure-a em pé com uma das mãos.
> Olhe para ela por alguns instantes. Busque algumas respostas em seu interior:
> Lembra-se da alegria sentida no momento em que essa aliança foi comprada?
> Qual foi o motivo principal que o(a) levou a vestir essa aliança?
> Sabe o valor dessa aliança na sua vida?
> Sabe o valor dessa aliança na vida de seu cônjuge?
> É capaz de ver através dela, todos os sonhos e ideais que um dia traçaram juntos?

Materialmente falando, aliança é um mineral trabalhado por um ourives, que lhe conferiu o formato de um círculo. Ao olhar para ela, consegue identificar algum ponto de ligação? Não é possível identificar onde se inicia e onde se finaliza. Assim deve ser o casal, ninguém sabe onde começa um e onde termina o outro!

Como proceder no dia a dia

Gosto tanto do filme *Anna Karenina*, de *Tolstói*, que não canso de reprisá-lo, e ainda consigo assisti-lo com a mesma emoção e atenção de como se fosse a primeira vez. Logo nas primeiras cenas, *Dimitrius* pronuncia a seguinte frase: **"O medo de morrer sem nunca ter conhecido o amor era maior do que o medo da própria morte"**. A grande maioria acalenta esse sonho de encontrar a pessoa ideal para juntos escreverem uma bonita história de amor. Só precisamos ter o cuidado de não acalentar um sonho ingênuo de amor. Nas telas de cinema, tudo é mais romântico, o vermelho é mais intenso, o lençol é de seda e existe trilha sonora.

Deliberadamente, ninguém se casa para sofrer ou com a intenção de causar sofrimento. Desentendimentos comuns e de pequeno porte podem e com certeza surgirão no dia a dia; um desentendimento ou outro poderá ocasionalmente existir, mas é importante o casal saber resolver tudo a seu tempo, para que não tomem proporções maiores, pois as brigas passam e o amor permanece.

Educação dos filhos

Às vezes observo os pais levando seus filhos para a escola: Param em cima da faixa de pedestres; estacionam em filas duplas; fazem ultrapassagens proibidas; desrespeitam o sinal vermelho; e muitos ainda xingam e fazem sinais obscenos. Finalmente *'entregam'* seus filhos para serem educados no *'melhor colégio'* da cidade, acreditando que as aulas acontecem *'do portão para dentro'*, esquecendo-se que elas já começaram há muito tempo, através da observação...

Também são inúmeros os casais que divergem quanto à educação dos filhos: Inglês ou francês? Violino ou judô? Homeopatia ou alopatia? Cristianismo ou budismo? E as simpatias da vovó? Discordam até por coisas bem mais simples e corriqueiras como qual roupa usar no domingo.

Em se tratando de educação dos filhos, o casal deve procurar sempre se entender e chegar à conclusão de o que é realmente o melhor para a criança, mesmo que isso signifique que um tenha que ceder. Muitas vezes gostamos e defendemos um ponto de vista, não porque ele esteja correto, mas porque é nosso. Nosso ego acaba se envolvendo e tumultuando ainda mais o impasse. É necessário também cuidar para não estarem transferindo para o filho os seus sonhos e ideais não realizados. Como você não pode aprender a tocar piano, então seu filho se formará em seu lugar... isso é justo?

Seja sincero consigo mesmo:

> Quando entro em discussão com meu cônjuge sobre a maneira de educar nossos filhos, concentro-me no foco da discussão?
> Sinto-me frustrado por não ter realizado determinadas coisas na vida?
> Não estarei tentando que meu filho realize todos os meus sonhos?
> No momento, a principal divergência é sobre...
> Meu cônjuge quer que eu compreenda que...
> Por outro lado, eu quero que meu cônjuge compreenda que...
> Os reais motivos de eu não querer aceitar essa situação é...

Talvez meu cônjuge não aceite minha opinião por causa de...
Os argumentos de meu cônjuge são...
Meus argumentos são...
Um acordo ideal seria...

Não se esqueça de que um lar feliz é aquele que exerce a democracia desde cedo, ou seja, a opinião e a vontade da criança também são levadas em consideração, facilitando o surgimento de acordos menos hostis. Desapegar-se pode ajudar a enxergar melhor.

Relacionamento sogro/sogra

Esse é um relacionamento potencialmente delicado, pois se trata de buscar conviver em harmonia com os pais de quem eu tanto amo. E muitas das desarmonias envolvendo os sogros surgem por apenas um motivo: ***intromissão***. E essa intromissão por parte deles, muitas vezes não é intencional, eles mesmos não a percebem e quando interpelados, negam o próprio comportamento.

A intromissão às vezes é sutil: eles querem comandar, mas não querem ser deselegantes, então procuram dar ordens em tom de sugestão. Por outras vezes, sentem-se tão no direito de interferir, que não se constrangem com a invasão de privacidade, tudo é lógico, com a melhor das boas intenções. Quem fica constrangido, geralmente, é sempre o próprio casal.

Imagine se fossem seus pais: Mesmo convicto de que eles estão errados, você não admite que seu cônjuge reclame deles, pois afinal são seus pais.

O que eu não gosto em minha sogra (ou sogro) é....
Quando ela faz isso, eu me sinto...
E também sinto vontade de...

Na verdade eu não tenho coragem de...
Gostaria de dizer-lhes que...
Quando me sinto assim, sinto que meu cônjuge fica...
Após me zangar com meus sogros, me sinto...
O real motivo de eu me zangar é...
Na verdade eles fazem com que eu me sinta...
Talvez o verdadeiro problema seja...
Essa situação pode ser contornada através de...
Estou disposto a...
Se eu me controlar mais talvez possa...
Essa nova atitude de minha parte causaria...
Os benefícios do autocontrole serão...
Então, estou disposto a buscar uma solução pacífica, através de....
E se houver recaídas, procurarei...

Se o motivo da desarmonia é claro, a solução também o é: **diplomacia**. Essa qualidade resolve as situações mais delicadas. Com diplomacia, somos capazes de estabelecer limites, sem machucar ninguém. Aposte nessa postura!

Vida financeira

Ingênuo quem pensa que um casal pode viver só de amor. As finanças são tão importantes na vida de um casal, que ela constitui-se inclusive causa de inúmeros divórcios. Possuir problemas financeiros implica possivelmente em discussão, perda de sono, fisionomia carregada, etc.

Muitas vezes a crise é passageira, e a união do casal é fundamental nesse período de turbulência; porém muitas vezes a crise financeira é resultante da inabilidade de um dos cônjuges em administrar as finanças do lar. E se não houver uma intromissão por parte do mais *'organizado'* nesse assunto, as finanças podem ir à falência.

Pode ser que isso tenha acontecido em seu casamento; não precisa se separar por causa disso. Mas para retornar a um dia a dia harmonioso o perdão é fundamental. No entanto, ao perdoar não significa que você irá entregar novamente a administração das finanças nas mãos dele ou dela. Perdoe a incompetência e o que ela causou, ou quase causou, mas não ofereça condições para que a história se repita. Medite na inocência e volte a viver olhando para frente!

Vida profissional

Sobretudo nos dias de hoje, cada vez mais as mulheres casadas também trabalham fora auxiliando no sustento do lar. Também é verdade que muitas delas trabalham por satisfação e realização pessoal, e isto deve ser respeitado. Em minha opinião, acho importante que a mulher também tenha o seu plano de carreira profissional, pois isso a torna ainda mais atraente, culta e com uma autoestima sempre elevada.

Muitos maridos, no entanto, se veem ameaçados em seu papel de provedor, quando suas esposas chegam a ter maior cargo e salário do que eles. Em casos assim, a situação conjugal poderá tornar-se conflitiva; as desarmonias que surgem são incontáveis e será necessária uma maestria extrema para que o relacionamento não se afunde por causa desse tipo de preconceito.

É muito importante marido e mulher apoiarem a carreira profissional um do outro, alegrarem-se com o crescimento alheio, serem compreensivos em relação a viagens ou jantares de negócios, incentivarem-se mutuamente a prosseguir sempre estudando e se aperfeiçoando. E ambos, ao regressarem ao lar, devem despir-se por completo de seus cargos e títulos, e ser aquele maridinho amoroso que conserta o chuveiro se for preciso, e ela aquela esposinha amorosa que faz bolo, carícias. Se até então você não vinha agindo assim, experimente mudar, reflita um pouco:

> Tenho sido compreensivo em relação à carreira profissional de meu cônjuge?
> Sinto-me inseguro com o sucesso profissional de meu cônjuge?
> Sinto como se estivesse competindo dentro de casa?
> Refletindo bem, acho que a causa desta insegurança é...
> Talvez eu gostaria que meu cônjuge se dedicasse...
> Esse meu descontentamento acaba se manifestando em forma de...
> Quando meu cônjuge não me compreende, me sinto...
> Quando não compreendo meu cônjuge, ele se sente...
> Na verdade nunca lhe disse que eu gostaria que...
> Eu gostaria de receber de meu cônjuge mais..
> Estou disposto a doar ao meu cônjuge mais....
> A partir de hoje, mudarei minhas atitudes no sentido de....
> De concreto, a partir de agora deixarei de...
> De concreto, a partir de agora procurarei...
> Os ganhos obtidos com essa mudança de atitude serão...

Infidelidade

Este é um assunto espinhoso que creio ser o ato mais difícil de ser perdoado dentro de um casamento. Quando a infidelidade acontece, é como se algo muito precioso se quebrasse em pedaços tão pequeninos, que parece ser impossível juntá-los para tentar colar os cacos...

Ao deparar-se com essa descoberta, muitos casamentos terminam de imediato, outros ficam balançados, e parte deles saem mais fortalecidos. É óbvio que o destino do casamento não será decidido por apenas um dos cônjuges; dependerá do grau de amadurecimento e disposição de ambos em recomeçar tudo, ou não...

Para muitos, infidelidade conjugal é perdoável, porém, inaceitável, ou seja, com o tempo posso até perdoar o meu cônjuge, mas não existe mais disposição de minha parte em dar prosseguimento à vida em comum. O casamento termina aqui.

Para outros, a infidelidade é aceitável, porém, imperdoável. Disponho-me a continuar casado por questões religiosas *(até que a morte os separe)* ou familiares *(existência de filhos)*. Decido continuar casado, embora jamais perdoe meu cônjuge ou volte a confiar nele novamente.

Uma atitude madura e louvável pertence àqueles que depois de passado o susto inicial, sentam-se frente a frente em busca dos **'porquês'**. Abandonando a postura exclusivamente defensiva, buscam também identificar, dividir, compreender e admitir sua parcela de responsabilidade. Abandonando questionamentos acusatórios, podem lançar-se a profundas reflexões sobre o *'porquê daquele comportamento clandestino'*; *'o nível em que devia estar a tensão conjugal'*; e liberando o que ficou para trás, mover-se rumo às mudanças que certamente se farão necessárias. Se existir o sincero arrependimento da outra parte, até se dispor a perdoar, mas logo avisando que não será fácil. E num esforço mútuo, buscar reconstruir, com paciência e cautela o ninho destruído. Como existe o compromisso renovado de ambas as partes, certamente a situação se mostrará mais fortalecida.

Não nos cabe aqui apontar qual das três é a correta, mas sim esclarecer que existem três alternativas, e as três, igualmente compreensíveis. Somente quem passou por isso sabe o impacto do abalo, portanto não me seria lícito indicar o caminho do perdão ou da separação. Posso sugerir a reflexão, mas a tomada de decisão é algo muito pessoal e merece meu apoio. Mas posso e devo sugerir que o perdão possui espaço em qualquer uma das três situações expressas acima, principalmente se a decisão for continuar casado.

Vida sexual 'magoada'

Essa questão sexual tem sido responsável por uma boa parcela das mágoas que algumas esposas carregam do marido e vice-versa. Pensamentos errados são compartilhados pelo casal, como por exemplo, de que a mulher deve sacrificar-se para proporcionar prazer sexual ao marido, e este por sua vez, tem a obrigação, de promover a felicidade sexual da esposa. Devido a uma educação totalmente errônea, as mulheres migram para o casamento sem saber nada e, os homens vão na ilusão de saberem tudo!

Já afirmamos anteriormente que é o amor que valoriza a união entre um casal. E o amor vem antes do sexo. Não é com o sexo que se chega no amor. Através de um sentimento profundo de amor é que consegue-se chegar a um bom relacionamento sexual, que celebra a suprema felicidade de naquele instante, pertencerem um ao outro em um só corpo. Esse é um momento de sublime felicidade para o casal!

Sexo é portanto, a complementação do amor. Na vida de um casal, a relação sexual é muito importante, mas não é e nem deve ser o centro da vida conjugal. Não se deve pensar enganosamente que a relação sexual seja o único e máximo momento de sensação de unidade do casal. Não é somente na hora da relação sexual, mas no dia a dia que o casal deve procurar pertencer um ao outro. *(Não no sentido de posse.)*

Já atendi inúmeras mulheres, a grande maioria com mais de cinquenta anos de idade, que se sentem muito machucadas no tocante à vida sexual. É um assunto muito delicado, que pouquíssimas têm coragem de expor e solicitar ajuda. Muitas se sentiram como que *'violentadas'* por seus próprios maridos na noite de núpcias. Em decorrência desse trauma e outros mais, não conseguem mais sentir prazer na vida sexual e, como consequência, seus maridos sentem-se também frustrados.

Assim como em qualquer outro assunto, este também deve ser tratado de frente e, principalmente, sem meias palavras.

Após proferir uma palestra em Salvador, BA, uma senhora com cerca de cinquenta anos, com fisionomia muito feliz e bem humorada e sem se importar com a presença de outras pessoas que pudessem ouvi-la, foi logo me dizendo:

- *E no meu caso, como eu devo agir? Meu marido 'quer sexo' toda hora! Deus me livre, parece até uma doença... E eu não gosto 'disso' feito a toda hora. Eu até já mandei ele procurar outras, mas ele diz que elas não dão conta! Eu me sinto horrível depois do ato.*

Expliquei-lhe que, por natureza, o homem é mais carnal, enquanto a mulher é mais emocional. Isso está expresso inclusive pelos órgãos sexuais: o masculino é exposto, enquanto o feminino é interno. O homem se excita facilmente ao ver um filme ou revistas do gênero; já as mulheres, desmancham-se em lágrimas nos filmes românticos. Quando esse desencontro chega a um nível extremo, pode até ocorrer ou o surgimento de doenças na região sexual *(uma forma inconsciente de se evitar o ato sexual)*, ou o divórcio, ou brigas infindáveis.

Casos desse tipo exigem que a *'repulsa'* ao ato sexual seja investigada por vários ângulos: se o desconforto é físico, através de exame médico; se tem origem em algum trauma psicológico; se é por uma dor emocional profunda em relação ao parceiro(a) ou ainda por conceitos religiosos errôneos acerca de que o sexo seja pecado. Todas as suspeitas devem ser averiguadas.

Após conversarmos reservadamente, chegamos às seguintes conclusões: no caso específico dessa senhora, a repulsa era causada por uma mágoa profunda em relação ao marido, devido a um relacionamento extraconjugal mantido com várias outras mulheres. O trauma era ainda sedimentado na experiência sofrida por ter adquirido DST através do marido. Por razões óbvias, ela se sentiu duplamente traída. Desde então, embora o amasse, se recusava ao máximo a praticar a relação sexual com o marido, por mágoa, por medo e também por uma pitada de *'maldade'* por, conforme suas próprias palavras, *'vê-lo desesperado subindo pelas paredes!'*. A razão em mandar seu marido procurar outras, era proveniente de um forte desejo de vingança, de que seu marido contraísse outras doenças, para sentir na pele o que ela vivenciou por causa de sua inconsequência. *(Isso porque ela afirmou que o ama!)*

Como já vimos em capítulos anteriores, tudo em excesso é prejudicial. O marido dessa senhora deveria procurar ajuda profissional para arejar um pouco suas ideias e tentar descobrir a razão dos impulsos sexuais descontrolados. No caso dela, explanei que uma boa alternativa seria amá-lo de verdade, mas que isso só seria possível se ela lhe concedesse um perdão genuíno. Porém, deixei claro que perdoá-lo não significaria que teria que voltar a *'se deitar'* a cada meia hora com ele. Perdoá-lo significava absolvê-lo de todo o passado e oferecer-lhe amor, muito amor... amor suficiente para lhe suprir a carência sexual. Sorridente que era, respondeu-me que iria tentar. Em meu coração, orei sinceramente para que conseguisse.

Quando o divórcio é inevitável

'Antes de o casal pensar em separação, deve suportar o insuportável'. Sempre afirmei categoricamente essa frase em minhas palestras. Após ter tentado por todas as maneiras possíveis e impossíveis, imagináveis e inimagináveis, então a separação pode ser o melhor caminho para ambos. Lembre-se: Nunca ame ninguém mais do que a si próprio. Anular-se por uma relação nem sempre é saudável, e destruir-se é bem pior.

Para que um casamento tenha êxito, são necessários cuidados mútuos. Uma relação unilateral não tem como continuar existindo... Existem porém situações em que o divórcio torna-se inevitável. Embora seja só um termo de difícil *(mas não impossível)* aplicação à realidade, a separação deve se dar da maneira mais amigável possível, principalmente se houver filhos nascidos desse casamento.

Num processo de separação, não permita a interferência de pais, sogros ou quaisquer outros parentes sem que sejam solicitados, pois além de não ajudarem em nada com suas considerações impensadas e raivosas, acabam piorando ainda mais a situação, que por si só já é dolorosa, independente de quem iniciou a ruptura.

O processo do perdão é fundamental também nessa fase, pois qualquer novo contato poderá evocar o conflito de volta ao relacionamento. Lembre-se que, por mais que se queira evitar, vários encontros terão que acontecer para os acertos finais do divórcio, para retirar as suas coisas, no dia da audiência, nos dias da visita aos filhos, etc. Com certeza os ex-cônjuges precisarão de tempo para exercer esse perdão, mas quando existem filhos no meio da história, estes devem ser reconciliados com o pai ou mãe ausente e continuar livres para amá-lo(a).

O que traumatiza os filhos não é a separação dos pais, mas como ocorre essa separação. Deixe os filhos fora de tudo, pois afinal ele(a) está se separando de você, e não dos filhos. Se o ex-cônjuge que ficou com a guarda das crianças não conseguir exercer o perdão e estiver cego pelo sentimento de ódio, tenderá a usá-las como 'arma' para vingar-se do ex-cônjuge.

Li determinada vez uma rápida entrevista realizada com a ex-jogadora da Seleção Brasileira de Basquete, Hortência, falando de sua separação (1999) e a maturidade com que ela e o ex-marido se relacionavam em nome da felicidade e saúde emocional dos dois filhos. Indagada pela revista sobre como ficou sua relação com o ex-marido, ela respondeu: *'Nós nos damos muito bem. Ele está sempre lá em casa, vai ver as crianças na hora que quiser. Sem essa de marcar dia de semana para isso. É só avisar e chegar. Quando um parceiro proíbe o outro de ver os filhos, não está pensando no bem-estar deles.'*

O casal e o bem mais precioso

Conta o folclore europeu que há muitos anos um rapaz e uma garota apaixonados resolveram se casar. Dinheiro eles quase não tinham, mas nenhum deles ligava para isso. A confiança mútua era a esperança de um belo futuro, desde que tivessem um ao outro.

Assim, marcaram a data para se unir em corpo e alma.

Antes do casamento, porém, a moça fez um pedido ao noivo: *'Não posso nem imaginar que um dia possamos nos separar. Mas pode ser que, com o tempo, um se canse do outro, ou que você se aborreça e me mande de volta para meus pais. Quero que você me prometa que, se algum dia isso acontecer, me deixará levar comigo o bem mais precioso que eu tiver então.'*

O noivo riu, achando bobagem o que ela dizia, mas a moça não ficou satisfeita enquanto ele não fez a promessa por escrito e assinada.

Casaram-se. Decididos a melhorar de vida, trabalharam muito e foram recompensados. Cada novo sucesso os fazia mais determinados a sair da pobreza, e trabalhavam ainda mais.

O tempo passou e o casal prosperou. Conquistaram uma situação estável e cada vez mais confortável, e finalmente ficaram ricos.

Mudaram-se para uma ampla casa, fizeram novos amigos e se cercaram dos prazeres da riqueza.

Dedicados em tempo integral aos negócios e aos compromissos sociais, pensavam mais nas coisas do que um no outro. Discutiam sobre o que comprar, quanto gastar, como aumentar o patrimônio, mas estavam cada vez mais distanciados entre si.

Certo dia, enquanto preparavam uma festa para amigos importantes, discutiram sobre uma bobagem qualquer e começaram a levantar a voz, a gritar, e chegaram às inevitáveis acusações. O marido então gritou:

"Você não liga para mim! Só pensa em si mesma, joias, roupas... Pegue o que achar mais precioso, como prometi, e volte para a casa de seus pais. Não há mais motivo para continuarmos juntos!"

A mulher empalideceu e encarando-o com um olhar magoado, como se acabasse de descobrir uma coisa nunca suspeitada, disse:

"Está bem. Quero mesmo ir embora. Mas vamos ficar juntos esta noite para receber os amigos que já foram convidados."

Ele concordou.

A noite chegou. Começou a festa, com todo o luxo e fartura que a riqueza permitia. Alta madrugada, o marido adormeceu, exausto.

Ela então fez com que o levassem com cuidado para a casa dos pais dela e o pusessem na cama.

Quando ele acordou pela manhã, não entendeu o que tinha acontecido. Não sabia onde estava e quando sentou-se na cama para olhar em volta, a mulher aproximou-se e disse-lhe com carinho:

"Querido marido, você me prometeu que se algum dia me mandasse embora eu poderia levar comigo o bem mais precioso que tivesse no momento. Por isso eu trouxe você, que é e sempre será o meu bem mais precioso."

Envolveram-se num abraço de ternura e voltaram para a casa, mais apaixonados do que nunca.

Vivenciando o perdão ao cônjuge

Escolha uma música de fundo de que goste muito, sinta-se relaxado e com vontade de realmente fazer a mentalização a seguir. Pratique-a mais de uma vez e um dia, quando se sentir preparado, faça-a frente a frente com seu cônjuge.

Querido(a) *(falar o nome completo do cônjuge)*
Neste momento, trago diante de ti o meu coração mais sincero.
E dentro desta sinceridade, venho pedir-lhe o teu perdão.
Perdoe-me se não consegui demonstrar em muitos momentos o quanto lhe amo;
Perdoe-me se pelas dificuldades da vida eu me mostrei insensível;
Perdoe-me pelas vezes que pronunciei palavras grosseiras;
Perdoe-me pelas faltas e ausências;
Perdoe minhas falhas e descasos;
Perdoe muitas vezes a minha falta de atenção.
Eu também lhe perdoo por não me demonstrar em muitos momentos o seu amor;
Eu lhe perdoo pelas vezes que desejei ter seu apoio e ele me foi negado;
Eu lhe perdoo pelas palavras grosseiras e impensadas;
Perdoo todas as suas faltas e ausências, falhas e descasos.
Eu lhe perdoo e você me perdoa! Eu lhe amo e você me ama!
Eu lhe perdoo principalmente por (citar alguma mágoa em especial que você esteja vivendo no momento, e depois repetir sinceramente);

Eu lhe perdoo! Eu lhe amo! Eu lhe perdoo! Eu lhe amo!
Eu lhe perdoo! Eu lhe amo! Eu lhe perdoo! Eu lhe amo!
Eu lhe perdoo! Eu lhe amo! Eu lhe perdoo! Eu lhe amo!
Eu lhe perdoo e você me perdoa! Eu lhe amo e você me ama!
Também peço que me perdoe por (citar alguma mágoa em especial que você tenha causado ao seu cônjuge, e depois repetir sinceramente);
Me perdoe! Eu lhe amo! Me perdoe! Eu lhe amo!
Me perdoe! Eu lhe amo sincera e profundamente!
Neste momento perdoamos um ao outro e somos também perdoados por Deus!
Neste momento perdoamos um ao outro e somos também perdoados por Deus!
Libertos de todas as lembranças tristes do passado, no dia de hoje renascemos um para o outro.
Iniciamos agora, abençoados por Deus, uma nova vida, sem choros, sem lágrimas, sem desconfianças.
No dia de hoje, eu reafirmo meu grande amor por você, e te recebo novamente como meu (minha) querido(a) esposo(a), pois é ao teu lado que eu quero ficar.
Eu agradeço a Deus esse presente lindo que é você!
Eu agradeço aos seus pais e antepassados esse fruto lindo que é você!
Eu agradeço a Deus, cada instante vivido ao seu lado.
Vivendo em estado de total harmonia, desfrutaremos juntos as conquistas diárias, somaremos forças e seremos o apoio um do outro.
Nossa família será edificada sobre o amor.
Desfrutaremos juntos a alegria de participarmos da vida de nossos filhos, e nos emocionaremos ao participar da vida dos filhos de nossos filhos.

Tristeza não tem mais lugar em nosso lar!
Incompreensão não tem mais lugar em nosso lar!
Desconfiança não tem mais lugar em nosso lar!
Infidelidade não tem mais lugar em nosso lar!
Grito não tem mais lugar em nosso lar!
Nosso lar é abençoado! E nele reina somente Deus e o que vem de Deus!
Deus é amor! E eu quero viver esse amor de Deus ao teu lado, amando-te e respeitando-te todos os dias de nossa vida abençoada!
Eu te perdoo do fundo do meu coração! E também peço o teu perdão!
Neste momento perdoamos um ao outro e somos também perdoados por Deus!
Eu te amo! Eu te abençoo! Eu te louvo! Eu te agradeço! Eu te reverencio! Eu te amo!

Capítulo 11

Perdão aos Filhos

Quando falamos em perdão aos filhos, estamos falando em compreensão e respeito, atributos que muitas vezes esquecemo-nos de oferecer-lhes. Nessa falha por parte dos pais está a origem de tantas outras atitudes tidas como reprováveis nos filhos. Digo isso no sentido de incentivar o leitor a uma profunda reflexão sobre as verdadeiras causas da desarmonia vivida ou das mágoas acumuladas em relação aos filhos. O que ocorre, realmente, é que muitos pais não conseguem entender *(aceitar)* que os filhos possuem vida própria, e classificam-nos como *'filhos rebeldes'* por não realizarem suas vontades. Também é verdade que existem tantas outras situações em que a mágoa se dá por questões mais densas, como desvio de conduta, por exemplo.

Amar e respeitar seu filho com desapego

Assumir uma postura como essa exige uma dose de desapego muito grande. Dar-lhe liberdade para expressar sua individualidade e incentivar-lhe na realização de seus sonhos é tão importante quanto supri-los de bens materiais. Não é justamente amor, liberdade e apoio o que mais desejávamos receber de nossos pais? Então porque hoje negamos isso aos nossos filhos? Conforme já dito anteriormente, não podemos transferir para os nossos filhos nossas frustrações íntimas, elegendo-os como realizadores de tudo aquilo que não pudemos realizar. Agir assim seria falta de respeito.

Como terapeuta, já tive em meu *'divã'* numerosos pais que se sentiam entristecidos com a ingratidão dos filhos. Conforme a conversa fluía, ficava clara a realidade de que eles se sentiam frustrados em suas expectativas e planos para com os filhos, quem nem sempre se identificavam com tais diretrizes. O sofrimento desses pais passava por uma lente de aumento ao interpretarem certas atitudes dos filhos como sendo afronta ou desrespeito. Existiu até um caso em que, quando sugeri a meu cliente que perdoasse sua filha por não corresponder às suas expectativas, respondeu-me abruptamente: *'Nunca! Isso significaria que eu devo aceitar seus sonhos!'*. Fiquei atônito com tal resposta, que demonstrou quão autoritário e inflexível ele estava sendo. Ele não podia aceitar o projeto de vida da filha, mas ela tinha que aceitar os do pai, sob o risco de ser rotulada de ingrata. O mais interessante neste caso, é que demorou certo tempo para que ele percebesse a própria postura.

Eu me esforcei tanto para nada...

Não é raro o número de pais que sonham com o futuro do filho, sem se importar se esse é também o sonho do filho. Li determinada vez, um depoimento amargurado de um pai, que se definindo como pessoa simples, nos relatava seu esforço ao longo de anos para custear os estudos do único filho, que conseguira se formar na universidade. Alguns meses após a conclusão do curso, o filho decidiu que seguiria a carreira das artes.

Ao mesmo tempo em que esse pai se lamentava, afirmando que todo o esforço tinha sido em vão, imputava sobre o filho uma pesada dívida de ingratidão.

'Onde foi que eu errei?'

Essa é a famosa afirmação que muitos pais se fazem, ao descobrir comportamentos inadequados nos filhos. Sejam quais forem os comportamentos inadequados, sempre haverá espaço para o perdão.

Filhos drogados
Creio ser esta uma das situações mais difíceis, dolorosas e desesperadoras dentro de um lar. Situações como estas não podem e não devem ser enfrentadas sem ajuda e apoio de profissionais preparados. Um lar desequilibrado, a fuga dos problemas do dia a dia, companhias nada edificantes, falta de sonhos e objetivos, entre outros, são responsáveis pelo envolvimento com drogas. Portanto, não basta ficar a culpar um filho, considerando-o o causador número um da infelicidade de toda a família. Cada qual deve assumir a sua parcela de contribuição, tais como falta de carinho e apoio, rejeição intrauterina, etc., e toda a família buscar um tratamento, e não apenas encaminhar o jovem, como se ele fosse o problema. Participar juntos da terapia é uma forma de dizer *'estamos juntos nessa'*. O perdão, nesse processo, será parte fundamental para a recuperação.

Filhos doentes
Até parece absurdo, mas existem pais que em seu íntimo sentem-se magoados por possuírem filhos que nascem ou desenvolvem problemas físicos ou mentais. É o des-

moronamento de todo um planejamento feito em torno desse filho. Embora conscientemente saibam que não é *'culpa'* de ninguém, não conseguem deixar de alimentar certa cobrança em relação ao próprio filho, a si mesmo e até a Deus. Se você possui filhos especiais, esforce-se em desenvolver ao máximo as habilidades deste filho, tais como esportes, artes e música, sempre procurando relacionar-se com a parte saudável deles, com profundo amor, até mesmo para que não se sinta num relacionamento enfermeiro-doente.

Filhos homossexuais

Quantos filhos já foram expulsos e deserdados pela intransigência de pais que se recusam a aceitar tal realidade. Pior ainda quando tais pais indagam *'o que os outros vão pensar?'* A realidade que importa é o que você pensa, e como você reage ante tal revelação. Busque compreender tal comportamento, sem rotulá-lo como safadeza, *encosto*, pecado ou tantas outras basbaquices que envolvem a questão de modo torpe. Também não classifique como doença que precisa ser tratada. Você sim, se precisar, busque o auxílio de um terapeuta, para não correr o risco de pintar a situação com cores mais dolorosas do que realmente precisam ser. Lembre-se de que, aconteça o que acontecer sempre o amor, fruto do perdão, é a melhor resposta. Amá-lo incondicionalmente não lhe impede, porém, de estabelecer determinadas regras.

Tudo a seu tempo

Outra fonte de insatisfação muito comum brota do sentimento de querermos impor a nossos filhos um determinado ritmo, e não tolerarmos descompasso. A natureza já nos ensina que em um mesmo pé de manga, elas não amadurecem todas ao mesmo tempo. Se abraçando essa verdade, soubermos estendê-la aos nossos filhos, não existirão atritos. Porém, ocorre que a maioria de nós possui um reloginho interno e desejamos que tudo caminhe e funcione de acordo com o nosso tic-tac. Esperançosos, queremos que nosso filho ande com tantos meses, fale primeiro papai ao invés de mamãe, goste mais da avó materna, entre na escola precocemente, seja o primeiro da turma... Não é sem motivo que crianças já estejam sofrendo de gastrite, estresse, depressão, pois pesa-lhes nos ombros mais do que realmente podem suportar.

Podemos sim, sem culpa alguma, incentivá-la a ficar de pé e caminhar. Além de produtivo, fortalece os laços de amor, confiança e apoio. Inaceitável é zangar-se caso ainda não consiga. Respeitar o ritmo é primordial para não gerar traumas desnecessários ao próprio filho.

Aprenda a separar a ação da pessoa

Se não escolhermos bem as palavras no momento de chamarmos a atenção de um filho, corremos o risco de gravar em sua mente a ideia de que ele é imprestável, desastrado, chato. É preciso separar a ação da pessoa. Em vez de afirmarmos *'você é mesmo um...'*, devemos dizer-lhe *'você fez isso, e eu não gostei nem um pouco do que você fez. Eu amo você, mas o que você fez não foi legal'*. Assim procedendo, ficará claro para a criança que, embora tenha praticado algo que seus pais não gostaram, continua sendo amada por eles. Com essa certeza em seu coração, de que é amada sempre, se esforçará para não repetir mais atitudes que desagradem os pais.

O filósofo francês Montaigne (1535-1592) já alertou que ***"Aquele que aplica um castigo estando irritado, não corrige, vinga-se."***

Crítica x Elogio

Todo ser humano, quanto mais elogiado, mais motivado! Quanto mais compreendido, mais feliz!

Críticas também são necessárias ao crescimento, mas devem ser colocadas com muito cuidado, sempre de maneira construtiva, elogiando o todo e restringindo a crítica ao ponto específico que necessita ser modificado, cuidando sempre em separar a pessoa da ação a ser criticada, por mais errada que pareça estar. Ao proceder desse modo, jamais seremos esquecidos por nosso profundo sentimento de compaixão, outra virtude que acompanha grandes personalidades.

O caminho do exemplo

Lembre-se de quantas vezes em sua infância, adolescência e juventude, você desejou o perdão de seus pais, traçando mil planos de como você seria melhor, mais amoroso etc. Hoje, o mesmo pode estar ocorrendo com seu filho: tudo que ele precisa é sentir-se amado e perdoado. E tudo poderá ser resolvido através de um franco diálogo, onde só o coração fale. Portanto, quando estiver errado, não se sinta constrangido em ter que pedir perdão a um filho. E se seu filho estiver errado, ajude-o a se encontrar. Mostre-lhe o caminho, e através do exemplo, desperte nele o desejo de caminhar.

Escreveu-nos o poeta inglês Willian Wordsworth (1770-1850): **"Julga bem somente aquele que pesa, compara, e na austera sentença que sua voz pronuncia, jamais abandona a caridade"**. Procuremos seguir esse exemplo e não existirão decepções!

Vivenciando o perdão aos filhos

Pode ser que após ler todos estes parágrafos, conclua que muitas das mágoas em relação a seus filhos sejam provenientes dessa falta de entendimento entre vocês, e que uma boa dose de respeito, diálogo e compaixão porá fim a tantos assuntos mal resolvidos. Escolha uma música que goste muito, e decida resolver questões pendentes. Lembre-se de inspirar e expirar lentamente, por várias e várias vezes antes e durante a mentalização. Faça a mentalização para um filho de cada vez, e utilize-se de sua liberdade para incluir, omitir ou modificar frases:

> Pense agora em seu filho. Mas antes de imaginar sua fisionomia, visualize a sua barriga quando estava grávida (ou a barriga de sua esposa). Olhando para essa barriga, mentalmente, acaricie-a por alguns instantes, pensando nesse filho.
> Quando descobri que estava grávida, meu primeiro pensamento foi...
> Quando descobri que minha esposa estava grávida, meu primeiro pensamento foi...
> Naquela época, nosso ambiente familiar era...
> Talvez, minha maior preocupação em relação à gravidez foi...
> Eu estava com a idade de...
> Meu estado emocional era...
> Meu estado físico era...
> Eu me sentia...
> Conforme a barriga ia crescendo, eu sentia...
> Naquela época, lembro-me de ter discutido com...
> E um acontecimento que ficou marcado foi...
> Agora, procure lembrar-se do dia do nascimento deste filho.
> Você nasceu no dia...
> E o horário era...
> Minha reação ao saber o seu sexo foi...
> Ao ouvir seu primeiro chorinho...
> A primeira vez que o peguei no colo...

Seu primeiro banho...
Quando você chorava à noite...
Suas primeiras risadinhas...
Quando você começou a engatinhar...
O brinquedo que você mais gostou foi...
Ao olhar para você, sentia...
Deixe agora que o tempo vá se passando, enquanto você visualiza seu filho crescendo, as festinhas de aniversário, Natal, Páscoa, Dia das Crianças, até chegar na idade em que você sente que começaram os primeiros atritos.
Meu filho, você está agora com a idade de...
Talvez hoje, tenha sido a primeira vez que brigamos de verdade.
E o motivo desse desentendimento foi...
Eu achei que você deveria...
E também achei que você jamais deveria...
Naquele momento eu me senti...
Tive a impressão de que você...
A única maneira que encontrei foi...
Se pudesse, eu teria...
Se pudesse, eu não teria...
Mas realmente eu me senti magoado quando...
Foi um golpe descobrir que você...
Desejei que você...
Na verdade, percebo que eu...
Não conseguia entender...
Não conseguia aceitar...
Para mim era impossível...
Isso acabou provocando...
Tudo teria sido diferente se você...
Tudo seria diferente se eu...

Acredito que o grande erro foi...
Se tivéssemos tido um diálogo franco...
Hoje compreendo que...
Me arrependo por...
Gostaria sinceramente que você...
Acredito que tudo pode ser diferente se nós...
Estou disposto a...
Me esforçarei para...
Mas também gostaria que você...
Estou disposto a perdoar...
Perdoo principalmente aquele momento em que...
Mas realmente estou disposto a perdoá-lo, bem como receber o seu perdão.
Para encerrar esta mentalização, visualize-se num longo abraço com esse filho. Diga-lhe o quanto você o ama, e abençoando-o, entregue-lhe nas mãos de Deus.

Capítulo 12

Perdão aos 'Ex' de nossa Vida

Ao falarmos em perdão ao *'ex'*, não devemos nos limitar apenas a relacionamentos amorosos, pois existem inúmeros outros *'ex'* que merecem nossa atenção e possível perdão: ex-amigo, ex-patrão, ex-empregado, ex-professor, ex-inquilino.

Raramente nos damos conta do peso que um *'ex'* exerce em nossa vida, principalmente quando não digerimos por completo as experiências vivenciadas por ocasião do rompimento, agravado pela incapacidade em relacionar-se com a perda. Porém, o lugar que cada *'ex'* ocupará em nossas vidas, dependerá unicamente de nossa decisão. Ninguém ocupará um lugar maior ou menor sem que tenhamos permitido. Somos nós quem arbitramos, consciente ou inconscientemente.

Para um navio, não existe paisagem mais esplêndida do que o oceano a sua frente, esperando para ser navegado. Mas o navio só poderá partir se levantar âncoras...

Ao sofrermos um abalo emocional, é como se lançássemos âncoras naquela situação desagradável. Por mais que tentemos partir para novos horizontes, o máximo que ocorrerá é andarmos em círculos *(ao redor da âncora)* ou castigarmos os motores para morosamente avançarmos *(arrastando a âncora)*. Essa simples metáfora nos revela a importância de refletirmos sobre a possibilidade do perdão, por mais difícil que seja, para que libertos possamos navegar pelo *'mar de oportunidades'* que espera por nós vida afora; mas só poderemos desfrutar de tudo isso se também levantarmos âncoras *(perdoar)*.

Os caminhos sempre se abrem

Tive um cliente, com 27 anos de idade, executivo, que fora demitido injustamente. Acontece que aquela firma era sua realização pessoal, o melhor emprego que ele já tivera na vida, razão pela qual não encontrava saída para o seu sofrimento, senão ser readmitido. Após alguns meses de terapia, ele já estava em um novo emprego que, segundo ele, era muito melhor que o primeiro, pois sentia-se amplamente reconhecido e respeitado em suas aptidões. Em uma de nossas últimas sessões, pedi para que ele me descrevesse, de maneira resumida, o processo de transformação e autoconhecimento pelo qual havia atravessado. Suas palavras transparentes me emocionaram profundamente. Veja um trecho de seu depoimento: *"No começo quis me fazer de forte, achando que logo encontraria um novo trabalho e mostraria a todos o quão bom eu era... mas nada de encontrar emprego. Fazia mil e uma entrevistas, dava tudo certo, mas na hora de assinar a contratação acontecia algo: ou a empresa estava cortando custos, ou quem iria me contratar era transferido ou demitido. Quanto mais eu me esforçava para conseguir um emprego para me 'vingar' do meu ex-chefe, mais obstáculos surgiam. Foi então que, auxiliado pela autoanálise, me compreendi e identifiquei onde é que eu estava errando. Talvez pela primeira vez fui sincero comigo mesmo: aquela demissão tinha* me abalado mais do que eu imaginava. Queria tanto uma recontratação, que chegava a sonhar que a empresa me telefonava chamando-me de volta. Somente quando me empenhei em perdoar tanto ao meu ex-chefe quanto à ex-empresa é que meus caminhos começaram a se abrir."

Perdoar equivale a *'levantar âncora'* e partir em busca de novos mares. Os caminhos sempre se abrem, não em um passe de mágica, mas quando estamos de coração limpo, aprendemos a bater na porta certa!

Do *eu te amo* para o *eu te odeio*

E quando do dia para a noite, o amor de sua vida se transforma na pessoa mais odiosa do mundo? Quem nunca passou por isso?

É natural a qualquer pessoa sentir-se frustrada ou magoada nesse primeiro instante. São sonhos e projetos que deixam de existir! É a insuportável sensação do abandono. Não conheço ninguém que perdoa um *'ex'* no minuto seguinte ao rompimento. Por isso, permita-se em um primeiro momento sentir toda tristeza que o momento evoca; permita-se chorar incontidamente; permita-se inclusive sentir raiva. Lembre-se que raiva é um sentimento natural, enquanto que o ódio é um sentimento cultivado. Sendo a raiva uma emoção natural a todo ser humano, com a mesma intensidade que vem, se não nos apegarmos a ela, logo irá embora. Passado esse primeiro impacto, temos a alternativa de recorrer à nossa parte mais sábia e deixar de nos confidenciar o tempo todo com o *'eu magoado'*, que a partir desse momento, não terá mais nada de novo para nos oferecer.

Agora sim, que eu já me permiti vivenciar toda a emoção triste do rompimento, o perdão poderá ser de grande importância para que possamos caminhar olhando para frente.

Em uma análise mais profunda, podemos compreender inclusive que não perdoar é uma maneira que encontramos de nos manter ligados à outra pessoa, mesmo que seja através do ódio. E nessa reflexão podemos identificar quais mágoas ainda nos amarram a essas pessoas, ao mesmo tempo em que decidimos liberá-las para que possam fluir em seus caminhos.

Prisioneiro de si mesmo

Não é gratuito que certas pessoas que já sofreram as desventuras de um amor que não deu certo se fechem para futuros relacionamentos. Constante e inconscientemente alimentam uma forte expectativa de fracasso, adotando de maneira errada o pensamento *'nunca mais vou passar por isso!'* Se for no sentido de que através da aprendizagem os erros diminuem, parabéns! Mas se estiver demonstrando a muralha que está sendo construída ao seu redor para simplesmente lhe preservar de futuras experiências amargas, cuidado, pois essa muralha é mais frágil do que imagina e, ao invés de protegê-lo, torna-o ainda mais vulnerável. Passa a evitar compromissos, contatos e laços emocionais mais profundos, e através do escapismo, busca negar ou reprimir a dor. Sem perceber, embora sinta-se forte e poderoso, nada mais é do que um prisioneiro de si mesmo.

Quando sentimos que fomos trapaceados

Todos os dias, um japonês feirante saía do seu sítio e pegava a estrada rumo à cidade para montar sua barraca. Quando passava pelo Posto da Polícia Rodoviária, parava a caminhonete e descia com uma sacola cheia de legumes e verduras. Sorridente dizia *'bom dia seu guarda'*, entregava-lhe a sacola e prosseguia viagem. Na volta, também parava, descia do carro, e dizendo *'boa tarde seu guarda'* entregava-lhe outra sacola, desta vez cheia de frutas. Assim decorreram-se anos, onde o ritual era religiosamente cumprido. Em uma manhã de terça-feira, habituado com o *'horário britânico'* daquele japonês, o policial rodoviário olha para o relógio e posiciona-se próximo à estrada para esperar o seu bom dia e sua sacolinha. Avista ao longe a caminhonete se aproximando, só que dessa vez, em alta velocidade passa com tudo em frente ao Posto da Polícia Rodoviária. O policial, sem entender nada, entra na viatura e vai atrás do japonês, que para no acostamento, mas não desce do carro. O policial se aproxima e vai logo dizendo: *'Bom dia japonês!'* ao que ele responde *'Bom dia seu guarda!'*. Meio constrangido, o policial vai logo se justificando: *'Me desculpe ter vindo atrás de você, japonês, mas é que já faz quase uns dois anos que duas vezes por dia você para no Posto Policial, me cumprimenta, me dá verduras e hoje você passou direto, eu não entendi. Não vim atrás de você por causa das verduras, mas para saber se está acontecendo alguma coisa.'* O japonês dá um riso malicioso e diz: *'Não senhor. Não tem nenhum problema. É que agora Japonês têm carta, né!'*.

Quantas pessoas já passaram por nossa vida, agindo da mesma maneira? Ou quantas vezes já agimos da mesma maneira na vida de outras pessoas também?

Atitudes como essa contribuem para que a maioria de nós opte por adotar posturas como pensar mais em si e menos nos outros, devido a sempre sairmos decepcionados de relações de amizade travadas em nosso dia a dia, que ao contrário de somar, acabam subtraindo, deixando-nos ainda mais feridos. Nessas ocasiões, as famosas decisões tipo *'nunca mais...'* são as primeiras alternativas que nos surgem. Dificilmente paramos para refletir sobre a nossa parcela de responsabilidade.

O importante em nosso dia a dia é assumir o comando de nossa vida *(emoções, reações, decisões)* sempre com vigor renovado, sem a interferência de fatos do passado, habilitados a viver plena e unicamente o dia de hoje e manter uma atitude otimista e aberta para o bem existente em cada ser humano. Ninguém entra em atrito com outra pessoa conscientemente ou por prazer. Somos todos peças fundamentais e insubstituíveis em uma gigantesca engrenagem chamada *'grande harmonia'*, que só pode funcionar com o lubrificante chamado *'amor'*.

Cancelando expectativas

Mais uma vez, utilizando-se de sinceridade, permita que venha à sua lembrança alguém que tenha lhe feito sofrer, e em uma postura mais investigativa, busque identificar quais atitudes dessa pessoa você ainda classifica como sendo imperdoáveis. Tente agora trabalhar esses conceitos um a um, sem que haja um grande envolvimento de seu emocional nesse momento, e pergunte-se quais os benefícios e malefícios em manter-se agarrado a tais lembranças. Sentimo-nos magoados, porque gostaríamos que as coisas tivessem acontecido de determinada maneira, ou seja, tivemos nossas expectativas frustradas. Anos se passam, e continuamos a imaginar que tal fato poderia ter sido diferente. O único poder que tais lembranças possuem de verdade é amarrá-lo ao passado e impedir que viva livremente o hoje, porque poder para mudar o passado ninguém possui. Mas existe algo de belo quando compreendemos que, de fato, não podemos mudar o passado, mas podemos conferir-lhe um sentido. Em vez de continuar me lamentando, me empenho em fazer um inventário emocional de quais foram os ganhos obtidos através daquela experiência, por mais amarga que tenha sido. E não adianta alegar que não houve ganhos, pois isso só contribui para denunciar ainda mais a nossa imaturidade em relação a tais assuntos.

Nesses momentos, ser maduro significa você pensar consigo mesmo: **'Eu tinha expectativa de que as coisas fossem diferentes, e que fulano agisse de tal maneira. Porém, isso não aconteceu e não há mais nada que possa ser feito, portanto eu me liberto do passado, assim como também liberto todas as pessoas envolvidas'**. É uma atitude simples, de proporções profundas, e que exige muita vontade de nossa parte. Diria até que é uma atitude corajosa que, com o tempo, oferecerá seus frutos.

Capítulo 13

Perdão aos que já se foram...

Por mais intenso que seja o ódio nutrido contra uma pessoa, no exato momento em que recebemos a notícia de sua morte, uma sensação de desconforto transpassa pela nossa alma, gerando certo desconforto e, em alguns casos, certo grau de remorso. Nesse turbilhão de pensamentos que nos rouba o eixo por instantes, inundados por um sentimento tão estranho que torna-se impossível descrevê-lo com detalhes, amiúde nos perguntamos:

Por que tanto ódio?

Por que tantos desencontros?

Por que tanta teimosia?

Por que tudo isso, se a vida *(terrena)* é tão curta?

Bem já nos alerta a canção: **"*É preciso amar as pessoas como se não houvesse amanhã*"**. Sequer um de nós sabe quanto tempo possui, seja para continuar amando, seja para continuar odiando.

Após encerrar a palestra em uma **Oficina do Perdão**, um jovem de 28 anos de idade, descendente de japoneses, veio ao meu encontro. Chorava muito, de maneira que eu quase não conseguia entender suas palavras. Deixei que chorasse até sentir-se mais confortável para começar a falar. Então, aos soluços me disse: *'Hoje senti realmente a importância de amar aos nossos pais. Só que eu entendi tarde demais, porque faz seis meses que enterrei minha mãe e mais de um ano que enterrei meu pai...'.* Deixei que chorasse mais um pouco e comecei a falar-lhe: *'Deve ser um sofrimento terrível conviver com essa agonia interior! Mas meu amigo, ainda bem que a vida é imortal! Você pode fazer com que seus sentimentos cheguem até eles, onde quer que estejam. No exato momento em que brilhou dentro de você esse sentimento tão profundo de amor, de arrependimento, pode ter certeza que esse brilho chegou até eles, de maneira que embora não possamos vê-los, estão radiantes de alegria, pois sabem que a partir desse instante você será muito mais feliz, e através de sua experiência poderá ajudar muitas pessoas!'* Deixei que falasse sobre suas mágoas acerca da carência afetiva vivida, devido ao fato de seus pais só trabalharem e não terem tido muito tempo para *'curtir'* os filhos. Conversamos longamente sobre esses sentimentos, desencontros e, para finalizar, ficando em pé a sua frente, lhe disse: *'Agora eu lhe concedo um minuto para que você me abrace, como se estivesse abraçando seu pai e sua mãe, e diga-lhes tudo o que seu coração desejar!'* Naquele instante eu realmente representava seus pais!

Abraçando-me, começou a pedir perdão, acompanhado de um choro compulsivo. Então disse-lhe com voz bem firme: *'Papai lhe perdoa, filho! Mas papai também precisa do seu perdão. Você perdoa o papai? Perdoa a mamãe?'* Após responder que sim, continuei: *'Agora tudo está bem. Papai ama você! Você é o filho que papai sempre quis ter. Obrigado por ser meu filho. A partir de hoje em diante, pense no papai e na mamãe muito felizes, sorrindo sempre para você! Nós sempre te amamos! Mesmo que a gente não tenha dito o tempo todo, saiba que nós sempre te amamos!'*

Foi um momento emocionante para ambos; enquanto ele chorava bem próximo ao meu ouvido direito, pronunciando palavras de amor, gratidão e saudade, eu aprendia a lição da linguagem do amor, que soluciona todos os problemas.

Após falar-lhe aquelas palavras, sentamo-nos novamente frente a frente, e ele já não mais chorava. Bem mais calmo, continuou a conversa, dizendo: *'Quando voltei do Japão, passaram-se três meses e meu pai morreu. No dia do enterro, chorei muito e senti imensa vontade de lhe dizer tudo isso que eu disse hoje, mas não consegui. Depois, passou um ano e minha mãe morreu. Chorei muito, mas dela eu não tinha muita mágoa. Era mais de meu pai. Agora estou me sentindo mais leve...'*

Respondi-lhe que, assim como ele desejava comunicar ao pai o quanto o amava, o pai também desejava ter ouvido o quanto era amado pelo filho, bem como ter-lhe dito o quanto amava esse filho. Agora ele estava se sentindo muito mais leve porque permitiu que fluísse todo aquele amor para seu pai. Sentia-se mal porque estava *'engasgado'* por não ter dito algo que sua consciência ordenava dizer.

Podem ter certeza de que, assim como o filho sentiu-se completamente aliviado, também seus pais se sentiram, de forma idêntica.

Quando deixamos de falar a linguagem do amor, a desarmonia começa a surgir. Somente quando vivenciamos o amor em todos os atos, nossa vida torna-se mais significativa e feliz.

Falando igual a um 'ganso'

Enquanto escrevia este capítulo, veio-me à mente uma lembrança que gostaria de compartilhar com todos: Um período de minha adolescência, em que cresci com profunda mágoa de um tio, hoje falecido há alguns anos. Desde os meus sete anos de idade frequentávamos muito sua casa, onde encontrávamos com outros primos e primas para brincar à tarde, no domingo. O lanche da tarde era leite com chocolate e biscoitos de maizena; outras vezes era leite com morango e bolo, pão feito na hora... Tudo uma delícia! Ir embora era um problema: Minha mãe nos chamava uma, duas, três vezes... Ao entrar na adolescência, fase de profundas transformações físicas e emocionais, uma de minhas maiores dificuldades era a fala, que ora saía mais fina, ora saía mais grossa; gritar então, nem pensar... Acontece que, nesse mesmo ambiente de deliciosos lanches e infindáveis brincadeiras com primos e primas, comecei a ser alvo de piadas. *'Tia, me dá leite!'*, dizia meu tio imitando-me no tom de voz instável, quando todos os tios, tias e primos presentes caíam em altas gargalhadas, apontando-me. Para finalizar, meu tio disse: *'Parece um ganso!'* Saí da mesa chorando, profundamente magoado com todos e, corri para o pátio, onde me isolei o resto da tarde. Nesse dia, minha mãe não precisou insistir muito na hora de ir embora. Embora receoso, no domingo seguinte fui ao encontro dos primos e primas: esconde-esconde, pega-pega, corrida, queimada, pula-corda... Brincávamos de tudo! Na empolgação da brincadeira, fomos todos para o lanche da tarde, quando de repente, lá estava eu de novo: o ganso na mira da metralhadora verbal de meu tio. E assim seguiram-se mais um, depois outro, dois, três domingos até que tomei uma decisão: na hora do lanche, eu inventava alguma desculpa como encher o pneu da bicicleta, procurar a bola de basquete, etc., para não ter que passar vergonha. *'Vander, vem lanchar!'*, convidava minha tia. De cabeça baixa, profundamente triste e com o estômago roncando de fome eu respondia: *'Não quero, não estou com fome...'* Logo deixei de ir à sua casa e ao poucos fui me calando, me calando que quase não se ouvia mais a minha voz. Comecei a desenvolver um profundo complexo em relação a ela, de maneira que sentia-me envergonhado quando tinha que falar com alguém; a boca travava, a garganta secava... e como consequência, a voz saía ainda mais estranha. Eu mesmo comecei a sentir vergonha de ouvir a minha voz! Conversava com as pessoas, sempre me questionando se estava sendo compreendido. Qualquer reação da pessoa, eu logo interpretava como sendo susto ao ver um *'ganso'* falante! Esse complexo era ainda alimentado pelo seguinte pensamento: *'Tudo culpa do meu tio... foi ele quem me traumatizou!'* Dessa maneira, convivi longos anos com esse sofrimento interior. No ano de 1992, quando comecei a viajar por todo o Brasil para proferir palestras e conferências, comecei a dedicar uma parcela de meu tempo para orar para esse tio, que ainda era vivo, no intuito de perdoá-lo. Mas logo começaram a surgir elogios em relação às minhas palestras; que eu tinha uma *'voz de anjo'*; que minha voz era como uma *'música'* aos ouvidos... que sem perceber, acabei por relaxar na Oração do Perdão para esse tio. Os anos se passaram até que recebi um telefonema de minha mãe, comunicando-me o falecimento desse tio. Imediatamente as emoções descritas logo no início deste capítulo tomaram conta de mim. Me transportei para o passado e identifiquei o quanto ainda carregava mágoa em relação a ele. Decidido a libertar-me e libertá-lo, comecei a conversar mentalmente e a orar para esse tio, afirmando várias e várias vezes que tudo já estava resolvido; não haviam pendências; o perdão e o amor se encarregariam de tudo o mais.

Meu coração foi preenchido por uma paz grandiosa, confirmando minha oração!

Por não sabermos como proceder, acabamos por abrigar mágoas, atenuadas mas não resolvidas, em relação a parentes, amigos, funcionários, professores, vizinhos que se foram...

Talvez por um forte sentimento religioso, não nos permitimos continuar odiando alguém já falecido. Mas a verdade é que, embora mortas, essas pessoas continuam bem vivas em nossas lembranças, influenciando profundamente o tom emocional de nosso viver diário. Não são acrescidas novas mágoas, não obstante as anteriores continuam em processo de fermentação. Deixar de alimentar uma mágoa não é o suficiente. É necessário extirpá-la por completo. Ore por essa pessoa. Deixe-a ir, em paz.

Situação inversa

A situação inversa é quando existem pessoas que morreram nos odiando...
'*Que arrepio!*' – pensamos de imediato.
Que fazer nestes casos?
Nada de especial!
Não existe nenhum segredo ou maior dificuldade também neste caso. Conforme já dito anteriormente, a linguagem do amor soluciona todos os conflitos, independentemente se você odiou ou foi odiado. Ambos os casos nada mais são que ausência de manifestação do amor em sua plenitude.

Ao finalizar a leitura deste capítulo, busque uma reflexão e, em um momento só seu, feche seus olhos e abra seu coração: faça uma oração por todos aqueles que já se foram deixando pendências em seu coração; faça com que seus sentimentos de absolvição cheguem até eles, e diga-lhes que estão liberados de qualquer '*dívida*' em relação a você ou qualquer outro membro da família... mas cuidado para não pensar neles com sentimentos de remorso ou piedade; pense neles com sentimento de profundo amor. Todo aquele amor que talvez eles não puderam vivenciar em terra. Seja capaz de lhes oferecer esse profundo amor.

Porém, não adianta tentar perdoar todos ao mesmo tempo, pois com cada um, você têm certas particularidades. Pode não ser muito produtivo orar para uma '*caravana*' de mortos. Procure orar para um de cada vez, e sem pressa! Ore até sentir realmente uma paz espiritual intensa. Visualizando as respectivas fisionomias, calmamente vá pronunciando em voz baixa as palavras abaixo sugeridas. Se assim desejar, fale sobre o que aconteceu entre vocês, mas sem cobranças. Não diga palavras como *'por sua causa...'* ou *'por sua culpa...'*, porém pode e deve dizer como você se sentiu naquele momento ou desde aquele momento.

Vivenciando o perdão aos que se foram:

>Escolha uma música de fundo de que goste muito e mergulhe nessa reflexão libertadora!
>Sente-se confortavelmente e respire com profundidade por várias vezes.
>Pense na pessoa escolhida e na mágoa que ela lhe causou, e procure expressar com sinceridade como você se sentiu. Diga-lhe:
>Naquela ocasião, o que mais me magoou foi...
>Por causa desse fato, eu me senti...
>Senti tanta raiva que tive vontade de...
>Por muito tempo lhe considerei culpado por...
>E ainda hoje, às vezes, eu me sinto...
>Naquela ocasião, tive vontade de lhe dizer que...
>E hoje, gostaria de dizer-lhe que...
>Inspire profundamente por mais algumas vezes.
>Agora, procure visualizar essa pessoa envolta numa intensa luz, com uma fisionomia muito serena. E mentalmente olhando para ela, lhe afirme:
>Eu lhe perdoo... e também sou perdoado(a) por você!
>Eu lhe perdoo... e também sou perdoado(a) por você!
>Eu lhe perdoo... e também sou perdoado(a) por você!
>Tudo é paz! Tudo é amor!
>Eu lhe perdoo com o perdão de Deus!
>Eu lhe amo com o amor de Deus!
>Tudo é paz! Tudo é amor!

Neste instante, somos absolvidos de qualquer dívida material ou emocional que mantínhamos em relação ao outro. Está tudo resolvido!

Eu lhe perdoo... e também sou perdoado(a) por você!

Eu lhe perdoo... e também sou perdoado(a) por você!

Tudo é paz! Tudo é amor!

Oro sinceramente para que você ascenda a planos espirituais cada vez mais elevados, livre de quaisquer forma de sofrimento.

Tudo é paz! Tudo é amor!

Eu lhe perdoo com o perdão de Deus!

Eu lhe amo com o amor de Deus!

Eu lhe reverencio com a força do amor de Deus!

O amor de Deus nos envolve e tudo retorna à normalidade.

Capítulo 14

Perdão Inclusive a Deus

Blasfêmia!' pode ser seu primeiro pensamento ao ler o título deste capítulo.

Pare por um instante a leitura neste parágrafo; busque uma ou mais respostas para a seguinte questão: *'Em quais aspectos você precisa perdoar Deus?'*. Veja bem, não estamos falando em *'pedir perdão a Deus'*, estamos nesse momento suscitando a questão *'perdoar Deus'*. Com o olhar ao longe, demore-se um pouco dentro de seus próprios sentimentos. Não tenha pressa em avançar a leitura, antes de identificar com sinceridade pelo menos um ponto em que você se sente *(ou se sentiu)* magoado com Deus, considerando-O culpado por certas infelicidades ou dificuldades.

No dia 1º de maio de 1977 minha avó paterna faleceu em consequência de um AVC. Que eu me lembre, era a primeira vez que eu participava de um velório. Recordo-me nitidamente do caixão na sala de minha casa, meus pais muito tristes, tios e primos chegando de outras cidades. Bom, creio que descrever o clima de um velório seja desnecessário; o fato é que, na cabeceira do caixão de minha avó, encontrava-se sentada uma vizinha de nossa casa, conhecida como *Dona Maria Portuguesa*.

Olhando meus olhos arregalados, chamou-me para junto dela e me disse bem baixinho, como que sussurrando ao meu ouvido: *'A vovó está dormindo'*; lembro-me de ter olhado para ela e dito: *'Não, ela morreu!'* Segurando o riso ao ouvir minha afirmação, fez então uma fisionomia consternada e finalmente sentenciou: *'É, Deus levou a vovó embora...'*. Ao ouvir aquela *'revelação brutal'* levantei os olhos e, fitando o rosto desolado de meu pai, que faria aniversário no dia seguinte, dia em que foi enterrada, explodi por dentro num acesso de fúria com raiva desse *'Deus chato que leva embora quem amamos e nos deixa chorando'*. Naquele dia, eu não amava mais a Deus, e olhando o crucifixo prateado à cabeceira do caixão, tive vontade de lhe mostrar a língua. Eu estava então com cinco anos de idade.

Todo esse sentimento de raiva e desprezo, mesclado por uma pitada de medo do *'poder celestial'*, foi suscitado por uma frase corriqueira: *'Deus levou...'*. Em muitos momentos de nossa vida, é necessário dobrarmos a atenção para certos pensamentos e expressões, que justamente por se enquadrarem como comuns, seus efeitos colaterais passam desapercebidos. Ao conversar comigo, seu intuito era me confortar, mas o resultado foi totalmente inverso.

Por ocasião de minha *'Primeira-Comunhão'*, no dia anterior realizei minha primeira confissão. Ao me ajoelhar no confessionário, minha primeira declaração foi: *'Padre, perdoe-me, pois eu cometi um pecado mortal: Eu não amo Deus sobre todas as coisas, pois ele matou minha avó!'*. Isso aconteceu em novembro de 1981. Durante todo esse tempo levei uma vida normal, mas ao ser levado *'diante da presença de Deus'*, imediatamente aquela mágoa aflorou, e graças às sábias palavras do padre, me reconciliei com Deus naquela tarde de sábado. Muito feliz, na manhã do dia seguinte, domingo, 8 de novembro, recebi minha primeira comunhão, selando minha eterna e infrangível amizade com Deus.

Reconhecendo a perfeição de Deus

Por vezes, nosso viver se assemelha ao *Livro dos Salmos*, do Antigo Testamento. Observando tal livro, percebemos a alternância entre salmos de louvor e salmos de dor, salmos que expressam o sentimento de abandono, de dúvida e salmos que afirmam a confiança de que Deus é perfeito e não falha.

O escritor alemão Johann Wolfgang Von Goethe (1749-1836) expressou: ***"Creio em Deus! Esta é uma palavra bela, louvável: mas reconhecê-lo, onde e como se revela, eis a verdadeira beatitude sobre a Terra"***.

Independente de sermos religiosos, podemos afirmar que aqui estamos por vontade de Deus, e procurar identificar-se com Sua vontade constitui-se o verdadeiro sentido da vida.

Na oração do Pai Nosso, assim afirmamos: **'*Seja feita a Vossa vontade*'**. As dores nascem quando fixamos a mente no trecho *'venha a nós o Vosso reino'*, no sentido de realizar preferencialmente as *'nossas vontades'*. Experimente assistir ao filme *'Todo Poderoso'*, com Jim Carrey. Embora seja uma divertida comédia, trata do assunto com muita propriedade e profundidade. Confira!

Recebi esta interessante história via e-mail e gostaria muito de compartilhá-la com todos quanto puder. Nela está expressa a importante dádiva de reconhecermos que **'*Uma folha não cai da árvore sem que seja a vontade do Pai*'**. Em primeira e última análise, significa que nada acontece sem a permissão de Deus. Nada! Portanto, mesmo em uma situação de dor extrema, existe a vontade de Deus! Não no sofrimento, mas no aprendizado que hoje está sendo obtido através deste *'aparente'* sofrimento.

Havia, numa cidade, três pequenas árvores que sonhavam o que seriam depois de grandes.

A primeira, olhando para as estrelas, disse: *"Eu quero ser o baú mais precioso do mundo, cheio de tesouros. Para tal até me disponho a ser cortada".*

A segunda olhou para o riacho e suspirou: *"Eu quero ser um grande navio para transportar reis e rainhas".*

A terceira olhou o vale e disse: *"Quero ficar aqui no alto da montanha e crescer tanto que as pessoas ao olharem para mim levantem seus olhos e pensem em Deus".*

Muitos anos se passaram e certo dia, vieram três lenhadores e cortaram as três árvores, todas ansiosas para serem transformadas naquilo que sonhavam. Mas lenhadores não costumam ouvir e nem entender sonhos... Que pena! A primeira árvore acabou sendo transformada num coxo de animais, coberta por feno. A segunda virou um barco de pesca, carregando peixes e pessoas diariamente. E a terceira, mesmo sonhando em ficar no alto da montanha acabou sendo cortada em grossas vigas e abandonada num depósito. E todas as três se perguntaram tristes: *"Por que tem que ser assim?"*

Mas, numa noite cheia de estrelas, onde havia mil melodias no ar, uma jovem mulher colocou seu filho recém-nascido naquele coxo de animais. E de repente, a primeira árvore percebeu que continha o maior tesouro que a humanidade pode receber. A segunda árvore, anos mais tarde, acabou transportando um homem que, viajando com seus amigos , disse ao mar revolto: *"Sossegai"* e o mar obedeceu. Então ela compreendeu que estava carregando o Rei de todos os reinos. Tempos mais tarde, num dia conturbado e triste, a terceira árvore espantou-se quando suas vigas foram unidas em forma de cruz e um homem foi pregado nela, pois fora condenado à morte, embora inocente. Logo sentiu-se horrível e cruel, mas três dias depois, o mundo vibrou de alegria e esperança; então a terceira árvore entendeu que o homem havia sido pregado nela para a redenção da humanidade, e que as pessoas se lembrariam de Deus e de Cristo ao olharem para ela.

As árvores tinham seus sonhos, mas as realizações foram mil vezes melhores e muito mais sábias do que elas haviam aspirado. Portanto se não souber o porquê de tudo, se todas as coisas ou algo parece em desacordo com seus sonhos mais justos, sossegue, espere e não se esqueça: Deus sabe o que faz. Um sonho nunca é perdido. Apenas tem o tempo certo de Deus para cumpri-lo.

Vivenciando o perdão a Deus

Ainda que não verbalizado, certamente existiram pensamentos de crítica ou cobrança destinados a Deus. Mesmo sem a existência de um rompimento definitivo ou temporário com Deus, existiram momentos ao longo de nossa vida em que, vivenciando tais dores, severamente cobramos uma atuação mais evidente de Deus ou desafiamos Sua existência e poder. Passada essa fase, continuamos crendo Nele, porém magoados. Reconhecer essa mágoa, como em qualquer outro caso, é fundamental para poder removê-la.

Qual a imagem que você possui de Deus?
Você já se sentiu magoado com Deus alguma vez? Quando foi?
Você já duvidou da existência de Deus alguma vez?
Complete as seguintes frases:
Eu achava que se Ele existisse realmente, não teria acontecido...
Se Deus existe e é poderoso, eu não acho justo...

Eu gostaria que Ele tivesse...
E também gostaria que Ele não tivesse...
O momento de maior desespero, em que me senti abandonado por Ele foi quando...
Já chegou a pensar que era castigo de Deus?
Mas nesse momento, eu convido você a se reconciliar com Deus;
Eu perdoo Deus pelas vezes em que me senti desamparado!
Eu perdoo Deus pelas deficiências físicas com as quais nasci;
Eu perdoo Deus por não poder gerar filhos;
Eu perdoo Deus pelas vezes em que estive desempregado;
Eu perdoo Deus pelas vezes em que sofri violência;
Eu perdoo Deus pelas vezes em que passei necessidades materiais;
Eu perdoo Deus pelas vezes em que perdi tudo o que eu tinha;
Eu perdoo Deus pela pobreza em que vivi;
Eu perdoo Deus por ter sido abandonado por meu cônjuge;
Eu perdoo Deus por ter sido vítima de erro médico;
Eu perdoo Deus pelas doenças que assolaram minha família!
Eu perdoo Deus pela morte de cada um daqueles que tanto amei!
Eu perdoo Deus e o absolvo de todas as dificuldades que atravessei e não senti a sua presença! Pela sensação de abandono, desespero e dor, eu o perdoo.
Também peço o perdão de Deus, pelas inúmeras vezes em que o considerei culpado pelas dificuldades de meu dia a dia, achando que era um castigo!
Peço e recebo com gratidão esse perdão libertador.
Peço e concedo com serenidade esse perdão libertador.

Medite os versículos 38 e 39 do capítulo 8 de Romanos:

"Porque estou certo de que, nem a morte, nem a vida, nem os anjos, nem os principados, nem as potestades, nem o presente, nem o porvir, nem a altura, nem a profundidade, nem alguma outra criatura nos poderá separar do amor de Deus (...)"

Capítulo 15

Perdão no Dia a dia

O netinho chega muito nervoso para o seu avô, cacique da tribo e, chorando, diz que está furioso com o seu amigo que lhe fez isto, isto e mais isto... e agora, para se vingar fará aquilo, aquilo e mais aquilo...

Pacientemente o avô ouve o desabafo do menino, e quando este acaba de falar, o avô vai logo dizendo:

'Sabe, meu netinho, quando o vovô tinha a sua idade, também ficava muito zangado e brigava muito. Até que um dia meu pai me contou a história dos dois lobos que existem dentro de nós'.

'Dois lobos!' – espantou-se a criança, com olhos atentos à história que viria pela frente.

'Sim, dois lobos' – continuou o avô – 'um lobo é bom, já o outro é muito mau. Quando ficamos tristes ou nervosos, o lobo bom começa a nos dizer para termos calma, perdoar, não nos vingarmos, procurar amar aquela pessoa; já o lobo mal, vem e nos diz para não deixar barato, que a vingança é o melhor caminho e servirá de lição para todas as outras pessoas. E assim esses dois lobos ficam brigando em nosso interior...'

'E no final, vovô, quem vence essa briga?'

Com um olhar profundamente amoroso, o sábio avô responde: 'Aquele que eu alimentar melhor dentro de mim!'

Um 'pezinho' feliz

No dia 12 de abril do ano de 2002, eu e minha esposa fomos ao show de Richard Clayderman, no *Credicard Hall*, em São Paulo. Tínhamos convites de cortesia para uma mesa reservada na área VIP, próximo ao palco. Ao chegarmos à nossa mesa, três pessoas já se encontravam sentadas, um homem e duas mulheres. Após um breve cumprimento, que resumiu-se a um *'boa noite'*, dito para dentro por ambas as partes, sentamo-nos no aguardo do início do show.

Pontualmente às 22 horas as cortinas subiram, e logo Richard Clayderman estava sentado ao piano, fazendo-nos flutuar em seus acordes. Com muita beleza, o show alternava-se em clássicos, músicas de cinema, italianas, *Beatles*, etc... Justamente nas músicas mais expressivas, Richard levantava-se e pedia para que o público o acompanhasse com palmas. E aqui chegamos ao ponto que desejo realmente dividir com os leitores. Esse homem que encontrava-se sentado na mesma mesa que eu, além de bater palmas, batia também um dos pés no chão. Sendo mais claro, ele quase afundou o piso com as fortes *'pezadas-ritmadas'*. A mesa chegava a balançar, e ele não parava. Quanto mais agitada a música, mais o chão se curvava.

Num relance pensei no quanto ele estava sendo desagradável, mas logo justifiquei sua atitude como sendo impensada; talvez ele mesmo não estivesse percebendo que seu gesto expressando contentamento estivesse causando descontentamento aos demais.

O show terminou, e tão logo demos as mãos, comentei com minha esposa sobre o tal 'pezinho'. Ela confirmou que também estava incomodada e que estava espantada por eu não ter solicitado ao *'pezinho'* para que ficasse imóvel. *(Que ideia ela faz a meu respeito!)*

No carro, enquanto voltávamos para a casa, comentamos novamente sobre o *'pezinho'*. Antes de dormir, concordamos sobre o quanto o *'pezinho'* foi chato. Ao acordarmos no sábado pela manhã, lembramo-nos do show e do *'pezinho'* saltitante. Foi então que percebi que eu havia sequestrado o *'pezinho'* daquele cavalheiro. Puxa, ele foi feliz para a sua casa, e eu, também feliz, trouxe o seu *'pezinho'* para minha casa! Nesse mesmo instante em que tornei-me consciente e reconheci meu erro, meditei por alguns instantes e lhe devolvi o seu pé para que continuasse a sambar feliz por aí. Aquele pé não me pertencia, mas esteve preso à minha mente, sapateando a noite toda.

Por quantas vezes em nossa vida já nos chateamos com algum fato corriqueiro, e quando nos apercebemos dele, estamos dando mais valor do que realmente possui? Lembre-se que o perdão não é útil somente para grandes eventos de nossas vidas, mas sua aplicabilidade também se dá a pequenos aborrecimentos diários. Para que alguém morra afogado, não precisa estar com uma grande pedra amarrada ao pescoço, mas basta estar com seus bolsos cheios de pequenas pedrinhas, que no decorrer de algum tempo lhe conduzirão à exaustão e imersão. Policiar-se constantemente é a base para se evitar o acúmulo de tais pedregulhos dolorosos e inúteis.

Autocontrole

"Ninguém pode ferir você sem a sua permissão. O que nos fere não é o acontecimento em si, mas como reagimos ante esse acontecimento." A frase é mais ou menos essa e, toda a sua estrutura é embasada na verdade de que, independente da situação, sempre podemos nos manter no comando. Para compreendê-la, é preciso meditar suas linhas e entrelinhas, e quanto mais nos aventuramos a isso, mais concluímos que a chave de tudo encontra-se no **autocontrole**. Em nosso viver diário, o autocontrole se faz tão necessário quanto a válvula do botijão de gás.

Mas o que vem a ser o autocontrole? Engolir sapo? Não gritar? Será isso o autocontrole? Pessoas que nada dizem num momento crítico porque 'engolem' a ira, nada mais estão fazendo do que abafar suas emoções que afloraram com intensidade naquele momento, ou seja, não estão sendo sinceras consigo mesmas.

Nos momentos de fúria, é salutar **refrear** *(eu não disse **reprimir**)* os pensamentos fervilhantes que saltam de emoção em emoção, no afã de impedir que eles determinem o nosso comportamento. Ocorre que, para a grande maioria, a opção *'refrear'* parece não constar no *manual de sobrevivência*; tudo o que sabem é *reprimir* ou *extravasar*. O filme, **Eu, Eu Mesmo e Irene**, com Jim Carry, é sem dúvida alguma a mais bem humorada explanação sobre o assunto. Experimente assisti-lo.

Podemos retirar de um bom dicionário os seguintes significados para as palavras:

Reprimir – reter; proibir; violentar; tiranizar; punir; disfarçar; dissimular.

Refrear – frear; dominar; moderar.

Para elucidar ainda mais a diferenciação entre **reprimir** e **refrear**, vamos nos utilizar de um exemplo bem simples: a panela de pressão. Quando tampada e levada ao fogo, tem sua pressão interna em constante elevação, o que acaba por acionar a válvula de pressão, que rodando em círculos e eliminando vapor, emite aquele característico ruído. Suponhamos agora que o ruído da panela de pressão seja o equivalente as nossas emoções internas fervilhantes. O que acontecerá se, visando a eliminar o ruído, travarmos a válvula de pressão? Certamente o ruído cessará, assim como é certa uma provável explosão, pois a pressão interna atingirá níveis insuportáveis. Isso significa **reprimir**. Também não posso optar por abrir a panela para *aliviar* a pressão: ela explodiria do mesmo jeito. Sobra-nos então a alternativa mais sábia, que resolverá a questão em definitivo, sem consequências desastrosas:

se a panela *(você)* está sob forte pressão, liberando vapor e ruído *(emoções exacerbadas)* para todo lado, a solução é tão somente **apagar o fogo** *(eliminar a causa)* e deixar a *pressão aliviar*. Isso significa **refrear**.

Resumindo, podemos concluir que **reprimir** equivale a negar o sentimento, sem resolver nada. Dissimulando a situação, estamos tiranizando a nós próprios. Já o ato de refrear seria o mesmo que agirmos com moderação na causa, sermos capazes de dominar a situação, utilizando-nos da inteligência. Esse sim seria o verdadeiro autocontrole.

E sentir raiva, eu posso?

"Ninguém que seja autêntico pode deixar de expressar sentimentos de raiva e frustração de vez em quando." Essa frase pertence ao escritor David Ryback, com quem concordo totalmente.

Sentir raiva é natural, mas sentir ódio não é natural.

Ao contrário do que muitos religiosos afirmam, sentir raiva é natural, pois trata-se de um sentimento espontâneo que surge, quando nos sentimos injustiçados ou em perigo. Do mesmo modo que a raiva vem, se não nos apegarmos a ela, irá embora naturalmente. Sentir ódio não é natural, pois é um sentimento cultivado, fruto da raiva retida e acumulada.

No Novo Testamento, encontramos o episódio em que Jesus expulsa os comerciantes do Templo. Seja pela leitura da Bíblia, seja pelos inúmeros filmes já produzidos, está claramente expresso o sentimento de ira com que Jesus derrubava aquelas bancas, indignado. Passada essa emoção, Jesus nunca mais tocou no assunto, nem montou uma *gang* para perseguir os comerciantes, nem utilizou-os como exemplo negativo em suas pregações. Como de costume, seus sermões continuavam recheados de amor e bem-aventuranças.

Uma oração simples mas eficaz

Em nosso cotidiano somos desafiados por centenas de situações *'imprevisíveis'*. Desses desafios nasce o descontrole, a ansiedade, sentimento de derrota e de injustiça. Ao percebermos, estamos literalmente nos consumindo em razão do inusitado. Para que possamos manter o autocontrole, banir a ansiedade e desfrutar uma maior tranquilidade, precisamos aprender a não jogar os diversos problemas todos dentro de um mesmo caldeirão fervilhante, no fogo da preocupação. Devemos separar os problemas em duas categorias: os que podem ser resolvidos através de minha interferência e os que estão muito aquém de qualquer atuação de minha parte. Em sendo assim, poderemos canalizar toda nossa energia e tempo em resolver o que pode e precisa ser resolvido, poupando desgastes inúteis.

Muitas emoções negativas surgem quando não conseguimos seguir o conselho abaixo:

"Senhor, conceda-me a serenidade para aceitar as coisas que eu não posso mudar, a coragem para mudar as coisas que estão ao meu alcance e a sabedoria para distinguir a diferença".

Capítulo 16

Perdoar o Imperdoável

Uma de minhas grandes frustrações é não saber andar de patins. Embora exista um par deles à disposição, por medo não me arrisco. Já cheguei a calçá-los, mas faltou coragem para sair do lugar. Quando vejo as pessoas patinando e realizando belos saltos e manobras, admirado, me pergunto: *'Como é que elas conseguem?'*. É fato que elas não calçaram um par de patins e já saíram *'radicalizando'*. Houve um processo de aprendizado, onde existiram tombos, hematomas, medos e superação dos medos, até conseguirem a habilidade de patinar. Tal exemplo se encaixa perfeitamente em se tratando de perdão. Por vezes, somos surpreendidos pelas declarações públicas de perdão a assassinos, traidores, etc., e também ficamos a nos perguntar: *'Como é que eles conseguem?'*. Conforme já dito logo no primeiro capítulo deste livro, devemos começar pelo essencial, ou seja, tentarmos vivenciar o perdão em todos os pequenos momentos de nosso dia a dia, para que ele se torne uma alternativa constante em nossa vida. O ato de perdoar cresce quando o tornamos uma opção saudável para nos libertarmos de qualquer pessoa, sentimento ou lembrança que nos causem dor. Por mais difícil e destruidor que tenha sido, eu me nego ao direito de eternizar a dor.

Determinados eventos dolorosos de nossa vida, ao serem rememorados parecem passar por um amplificador, ressaltando ainda mais o sentimento de *'vítima da situação'*. Sem dúvida, existem lembranças e sentimentos negativos que facilmente desafiam nossa disposição em perdoar. Sentimo-nos devastados por abusos que parecem nos ter aniquilado. Nesses momentos nosso *'Eu Verdadeiro'* acaba sendo nocauteado pelo *'eu magoado'*. Mas esse *'eu magoado'* não é tão forte assim. Nós é que o tornamos forte! E permitir esse nocaute que torna o *'eu magoado'* vencedor é tão vergonhoso e inaceitável quanto *'morder a orelha do adversário...'*. Embora óbvio, preciso sempre saber que será vencedor aquele que eu treinar para vencer.

As marcas deixadas por uma traição, violência, abandono, injustiça... são sempre profundas e dolorosas. Por isso o perdão parece inviável, impraticável e até mesmo, impossível! Aos que ousam, porém, ultrapassar os limites da própria dor incorporando em seu dia a dia algumas atitudes do perdão, percebem que as marcas de alívio e paz são tão profundas quanto às de dor. Profundas e libertadoras!

A virtude do perdão

O poeta e romancista inglês Gilbert Keith Chesterton (1879-1936) escreveu: ***"O amor significa amar aquilo que não é amável, ou neste amor não haverá virtude; o perdão significa perdoar aquilo que é imperdoável, ou neste perdão não haverá virtude"***.

Não me lembro do ano. Lembro-me apenas que era próximo ao *Dia Internacional da Mulher*, comemorado no dia 8 de março, quando li no jornal *Folha de São Paulo*, um artigo escrito pelo então Presidente da CNBB, D. Luciano Mendes de Almeida, que me levou a um choro incontido. Tomo a liberdade de transcrever abaixo alguns trechos desse artigo que comprovam a virtude em perdoar aquilo que, aos olhos humanos, é imperdoável.

(...) Fiquei impressionado com a carta que Lúcia Vetruse, noviça violentada por milicianos sérvios, escreveu à superiora de sua congregação.
Dificilmente poderia imaginar a brutalidade a que foram submetidas muitas jovens na Bósnia, vítimas indefesas de uma das agressões mais tristes de nosso século.
Quem diria que povos até então capazes de conviver, partilhando alegrias e sofrimentos na ex-Iugoslávia, haveriam de chegar a tais extremos de ódio e perversidade?
(...)
A carta da religiosa Lúcia Vetruse revela a profundidade do drama que viveu.. e mais ainda do seu amor de mulher. Seu convento foi invadido por milicianos sérvios.
Não pouparam as irmãs, que foram obrigadas à mesma humilhação e afronto de tantas outras compatriotas jovens.
A irmã Lúcia, que teve seus dois irmãos assassinados, uniu-se em seu sofrimento à agonia de Jesus no Jardim das Oliveiras e associou-se a milhares de mulheres ofendidas na própria honra.
Ofereceu tudo a Deus em expiação dos pecados daqueles que a violentaram e a seu povo e pela paz entre as etnias em conflito.
Diante do mistério da provação a que foi submetida, sentiu-se chamada a assumir na própria carne a história de seu povo martirizado e, assim, fortalecida pela fé, procurar confortar os que passam pela mesma dura experiência.
Aceitou a maternidade com coragem e abandono em Deus. *'A criança que vai nascendo, mesmo que não tenha sido desejada nem querida, tem direito a meu amor de mãe.'*

Agradecendo às irmãs religiosas a fraternidade recebida, acrescentou: *'Consagrei-me a Deus para sempre. Ele indicará o caminho para cumprir a sua vontade. Sou pobre. Colocarei de novo meu avental e meus tamancos para trabalhar. Farei o impossível para romper a cadeia do ódio que destrói meu país. Ao filho que espero, ensinarei somente a amar. Minha criança, nascida da violência, há de testemunhar que o perdão é a única grandeza que honra a pessoa'.*

Independente da quantidade de leituras, essa história tem o poder de me emocionar profundamente. Que lição! Que exemplo! Que fé!

Que sacudida na pequenez de nossos atos e desavenças do cotidiano. Num cenário onde não consigo perdoar as pessoas que falham comigo, surge então uma alma virtuosa e iluminada para nos afirmar: *'Eu posso. Você também pode! A mesma força que existe em mim, também existe em você!'*. O único diferencial é a vontade, a disposição em vivenciar o perdão.

Aprendemos com as atitudes da irmã Lúcia, em seu exemplo de vida acima narrado, a se libertar da condição de vítima e assumir o rumo que sua vida tomaria a partir daquele instante. Um estupro aconteceu; isso é um fato. Sabiamente ela situou este fato ao passado, e preocupando-se apenas com o presente *(gravidez)*, trabalharia para que quando a criança nascesse *(futuro)*, não passasse necessidades. Seu exemplo é um verdadeiro sinalizador rumo ao amor e ao perdão.

Mágoas recebidas por herança

Semeada silenciosamente, muitas vezes passam desapercebidas através dos livros de História, noticiários de TV, anedotas preconceituosas, tradição familiar e acabam influenciando os relacionamentos entre Judeus e Alemães, Japoneses e Americanos, Franceses e Ingleses...

Não se pode negar a barbárie cometida por *Adolf Hitler* contra os Judeus durante a **Segunda Guerra Mundial**, ocorrida na década de 1940. As imagens da bomba atômica dizimando parte da população japonesa e gerando sequelas em seus descendentes... *Joana D'Arc* sendo intencionalmente entregue aos ingleses após tanto lutar pela libertação da França. E ainda sendo queimada viva *'em nome de Deus'*? Realmente, não se pode negar nem apagar tais atos. Também não se pode negar que um novo milênio e um novo século parecem incapazes de apagar tamanho ressentimento. Conforme já estudado anteriormente, não se pode mudar o passado, da mesma maneira que não se pode viver acorrentado a ele. A postura ideal nos dias de hoje, ao olharmos para fatos históricos como esses, será deixarmos de classificá-los como imperdoáveis, e sim como incompreensíveis ou injustificáveis. Foram atos movidos pela intolerância, que nada mais é que uma declaração da falência nos relacionamentos humanos. Não passe adiante aquilo que nada acrescenta à evolução humana, tais como ódio surgido em gerações passadas. Isso, além de um verdadeiro atraso, é uma tremenda desnecessidade.

Perdoar não significa apagar aquilo que não pode ser apagado, nem se constitui em desrespeito às gerações passadas, mas uma atitude de sabedoria para estabelecer verdadeiras relações de paz. Perdoando, o ressentimento para em você e não é passado adiante. O passado terminou há muito tempo! Pense nisto. Quando eliminamos os nichos necessários para o florescimento do perdão, nada mais fazemos senão semear uma macabra visão de um mundo intolerante e sem sentido.

Nossas mágoas imperdoáveis

Estamos prestes a concluir a leitura deste livro. Gostaria de convidar você a rever algumas das mágoas mais profundas que por ventura ainda possam existir em seu coração.

Ao rememorar, por mais difícil que tenha sido, lembre-se de que você possui força infinita para superá-la. Do mesmo modo que encontrou *'forças para odiar'*, também existe *'força para perdoar'*. Reconheça que está *'cansado'* de carregar inutilmente grandes ou pequenos ódios ou mágoas. Lembre-se que o perdão é um ato de vontade. Se você permitir-se cultivar esse perdão, certamente produzirá doces frutos.

Epílogo

> *Da vez primeira em que me assassinaram*
> *Perdi um jeito de sorrir que eu tinha...*
> *Depois, de cada vez que me mataram*
> *Foram levando qualquer coisa minha...*
> Mário Quintana

Muitas vezes o perdão parece ser impossível. Mas existe uma enorme diferença entre **impossibilidade** e **dificuldade**. Existem sim, momentos em que o perdão é difícil, porém jamais impossível. O perdão não é uma utopia. A maneira de perdoar que nos tem sido ensinada, por vezes constitui-se em verdadeira utopia.

Nesse livro me empenhei em desmistificar o perdão, despindo-o de falsas ou ingênuas roupagens. E conseguiremos comprovar sua aplicabilidade em nosso viver diário, pela abundante colheita obtida, de dons e dádivas essenciais para uma vida feliz.

Abandonando a ignorância que muitas vezes envolve o tema, chegamos à compreensão de que o perdão não é uma corrida ou uma maratona; o perdão é um caminho! E nesse caminho, o importante é cruzar a linha de chegada *(conseguir perdoar)*.

Importante não é a colocação, mas cruzar a linha, respeitando seu ritmo. Cada um tem seu ritmo próprio; cada um tem seu tempo. Não se imponha um ritmo que o levará à exaustão. Não se pressione a perdoar sem que se sinta pronto para isso. Em matéria de perdão não existe *podium*, não existe colocação: todos serão agraciados ao cruzar a linha de chegada.

Os *'tropeços'* fazem parte de nossa caminhada pela vida. Nesse *'tropeço'*, muitas vezes poderemos nos sentir no tão temido *'fundo do poço'*. E no fundo do poço encontra-se o aprendizado evolutivo ou a fonte de eternas lamentações. Compartilho carinhosamente com cada um de vocês a seguinte frase, que me tocou profundamente justamente quando eu também me encontrava no *'fundo do poço'*: **"Quando chegar ao fundo do poço, chega de cavar. Pra que tentar se afundar ainda mais? É hora de voltar à superfície!"**

Ressentimentos, mágoas, inveja, rancor, desejo de vingança equivalem a *'continuar cavando'*. A partir do momento em que decidirmos abandonar os claustros da mágoa, ódio e ressentimento, e buscando todas as respostas dentro do próprio coração, encontrarmos fé para prosseguir e optarmos pelo PERDÃO, então poderemos tornar à superfície. E na superfície, uma vida maravilhosa aguarda por você!

Seja Muito Feliz!

Oficina do Perdão

O que é? Quais os benefícios? Por que participar?

Participar de uma **Oficina do Perdão** é permitir-se assumir o comando de sua vida. Desenvolvida de forma dinâmica e participativa, a **Oficina do Perdão** se apresenta como uma proposta diferenciada, convidando cada participante a refletir sobre a importância e possibilidade do perdão em sua vida. A programação é cuidadosamente elaborada, com vivências e palestras que promovem o autoconhecimento e o autodesenvolvimento, favorecendo e incentivando o olhar mais atento para as emoções perturbadoras que influenciam negativamente o tom emocional de nossa vida. O conteúdo do programa abrange os níveis de **Pensar** (conceitos e conhecimentos), **Sentir** (vivências / emoções) e **Agir** (planos de ação que serão transportados para a prática cotidiana), ou seja, a integração do **Pensar / Sentir / Agir**.

Se você também deseja participar ou realizar uma **Oficina do Perdão** em sua cidade, entre em contato.

vanderdevide@gmail.com